내 인생의 터닝 포인트

내 인생의 터닝 포인트

초판 1쇄 찍은 날 · 2014년 4월 21일 | 초판 1쇄 펴낸 날 · 2014년 4월 25일
지은이 · 창원대학교 교수선교회 | 펴낸이 · 원성삼
등록번호 · 제2-1349호(1992. 3. 31) | 펴낸 곳 · 예영커뮤니케이션
주소 · (136-825) 서울시 성북구 성북1동 179-56 | 홈페이지 www.jeyoung.com
출판사업부 · T. (02)766-8931 F. (02)766-8934 e-mail: jeyoungedit@chol.com
출판유통사업부 · T. (02)766-7912 F. (02)766-8934 e-mail: jeyoung@chol.com

Copyright ⓒ 2014, 창원대학교 교수선교회
ISBN 987-89-8350-885-0(03230)

값 9,000원

| 사림골 교수행전 |

내 인생의 터닝 포인트

창원대학교 교수선교회

예영커뮤니케이션

인사말

창원대학교 교수선교회 창립 20주년을 맞이하여, 이 작은 책자를 발간할 수 있게 됨에 먼저 하나님께 감사를 드립니다. 새까만 머리색의 젊은 교수님들이 많았던 20년 전의 창원대학교 교수선교회가 어느 새 세월이 흘러서 대부분 희끗한 머리색의 교수님들로 변했습니다. 그리고 이미 나이든 선배 교수님들은 한 분 한 분 교정을 떠났습니다. 우리들 머리 위로 세월이 참 빠르게 지나갑니다.

희미한 잉크가 유창한 웅변보다 어떤 면에서 더 영향력이 크다고 생각합니다. 우리의 기억이 사라지기 전에, 믿음을 가진 창원대학교 교수님들 각자의 작은 신앙고백과 그간의 창원대학교 교수선교회의 흔적들을 여기에 모아 보았습니다.

찬란한 모자이크도 실제로 모양과 색깔이 각기 다른 작은 조각 하나하나가 모여서 아름다움을 만들어 냅니다. 우리 교수님들 한 사람 한 사람의 삶의 고백도 작은 모자이크 조각처럼 다양하고 주관적이며 제한적일 수 있습니다. 그러나 여러 교수님의 글을 읽다 보면 모자이크처

럼 전체적으로 어떤 아름다운 형상을 볼 수 있을 것입니다.

여기에 적힌 우리의 작은 고백과 흔적들이 이 책자를 읽는 각 사람들에게 어떤 형태로든 작은 감동이나 지난 추억의 자리를 줄 수 있다면 우리는 보람을 느낄 것입니다.

이 책자가 나오기까지 많은 시간이 흘러갔습니다. 우리의 작은 것들로 창조주 하나님께서 영광받으시기를 기도합니다. 또한 우리 모두의 삶에 날마다 예수의 흔적을 더욱 발견할 수 있기를 기대합니다. 바쁘신 가운데도 우리들의 요청에 적극 협조하셔서 간증집을 발간할 수 있도록 도와주신 교수님들께 감사를 드립니다.

2014년 3월
창원대학교 교수선교회 임원진
회장 정성환, 총무 문혜경, 회계 윤태호

발간 축사

바쁜 일상 속에서 회원 교수님들이 시간을 내어, 창원대학교 교수선교회의 귀중한 기록인 『내 인생의 터닝 포인트』를 발간하게 된 것을 먼저 축하드립니다.

오늘날 과학과 물질 문명이 계속 발달하고 있지만, 이것이 인간의 문제해결이나 행복의 답이 결코 될 수 없음을 우리는 잘 알고 있습니다. 시간이 갈수록 인간들은 경쟁과 생산성을 목표로 두면서 오히려 소외되고, 그 향기를 잃어 가고 있습니다. 이제 인간은 거대한 사회 시스템의 한 부분으로 전락하고 있습니다. 또한 현대의 가정 파괴로 많은 청소년이 거리로 나와 위기에 선 아이들로 남게 되었습니다. 이것이 현실이며, 기성세대인 우리의 교육방식을 돌아보게 만들고 있습니다.

바쁜 캠퍼스의 일상 속에서도 우리 교수님들이 삶에 대한 믿음의 성찰과 유익한 활동을 위한 모임을 20년 넘게 가져왔다는 것은 정말 복된

일이라 생각합니다. 본인도 교수선교회의 일원으로서, 이러한 교수님들의 모임인 교수선교회가 물질만능의 가치관을 뛰어넘어 창조주 하나님을 영화롭게 하며, 캠퍼스를 더욱 정신적·영적으로 풍요롭게 해 왔다고 생각합니다.

특히, 이번에 교수선교회 창립 20주년 기념으로 교수님들의 신앙 고백을 담은 『(사림골 교수행전) 내 인생의 터닝 포인트』를 발간함으로써 마음속에 깊이 간직했던 행복한 인생의 비밀을 세상에 남기게 됨을 함께 감사하고 기뻐하는 바입니다.

2014년 3월

창원대학교 총장 이찬규

목 차

1부_ 내가 만난 예수님

2부_ 교수선교회 발자취

1부

―

내가 만난 예수님

© 이예람

하나님 사랑과 기도의 끈

김동순 (음악과 교수)

모태신앙

근래 들어 '모태'라는 단어가 참 다양하게 쓰이고 있다. '모태솔로', '모태미인' 등.

하지만 원래 '모태'라는 단어는 우리 예수 믿는 신자들이 주로 사용하던 단어다. '모태신앙'이 바로 그것이다.

나도 그 '모태신앙'을 가지고 태어났으니 내가 예수님을 영접한 것이 언제인지는 딱히 기억나지 않는다. 사실 '모태신앙'은 '못 된 신앙' 혹은 '못 해 신앙' 등으로 패러디되어 약간은 평가절하된 채 표현되곤 한다. 이는 모태신앙 소유자들의 신앙형태, 즉 뜨뜻미지근한 신앙형태에서 비롯된 것이리라.(내 경우를 보더라도 부인할 수 없을 듯.)

그러나 공기가 눈에 보이지는 않으나 우리의 느낌과 순간순간 어떤 계기로 그 존재를 확인할 수 있듯이, 나도 같은 경우로 예수님을 믿고 또 예수님께서 내 맘에 계시다는 것을 느낄 수 있으니 참으로 다행스럽고 감사하다.

인지하든지 못하든지 나는 유아세례를 통해 이미 부모님의 신앙을 담보로 세례를 받음으로 합법적으로 예수님을 영접했다.

여기서는 인격적인 예수님과의 만남, 내 인생길에 역사하신 하나님의 주도면밀한 인도하심을 통한 하나님 존재의 인지 등을 함께 나누고자 한다.

믿음의 배경

우리 집안은 북한의 대동강으로 기독교가 처음 들어온 그 시기부터 지금까지 4대째 예수를 믿고 있다. 외증조 할아버지께서는 선교사가 처음 들어왔을 때 예수님을 영접하셨다고 한다. 물론 상투도 제일 먼저 자르셨다고 한다. 우리나라 초기 기독교사에서 중요한 인물 중 한 분이신 길선주 목사님도 우리 외증조 할아버지의 전도로 예수를 믿었다고 한다.

우리 할아버지께서는 내 모교회인 평안교회(서울 순화동 소재로 북한에 있을 때는 평양교회였으나 6·25 전쟁 1.4 후퇴 때 남한으로 이전하여 현재의 이름으로 개명)의 창립 장로였다. 1960년대 아버지의 일 때문에 이곳 진해 육군대학 관사에서 살 때, 할아버지께서는 새벽마다 관사 뒷산 큰 바위 밑에서 항상 산 기도를 하셨다. 날이 새면 돌아오셨는데 그때 부르시던 찬송 소리가 지금도 귀에 생생하게 들리는 듯하다. 또 다른 기억으로는 그 시절에도 지금과 같이 부활절에 연합예배를 드렸는데 그 장소가 탑골산 탑골공원이었다. 할머니, 할아버지, 엄마, 아빠와 함께 손을 잡고 연합예배를 드리는데, 어찌나 추웠던지 그때를 생각하면 지금도 한기가 느껴지는 것 같다.

아버지는 군인이셨다. 그래서 진해도 갔던 것이다. 아버지께서는 현역군인으로 6·25 전쟁은 물론 월남전에도 참전하셨다. 말만 들어도 아찔아찔한 죽음의 고비들을 여러 번 넘기셨다. 세상 사람들이 말하는 '재수가 정말 좋았다'는 경우를 수도 없이 겪으셨다.

교회(평안교회)에서는 2대째 장로로 하나님과 교회를 잘 섬기셨다. 당시 담임목사님(현재 원로목사님)께서 지금도 '김 장로님 계실 때가 가장 전성기였다'고 말씀하신다.

우리 어머니는 18살에 시집오셔서 약 40년 동안 시집살이를 하셨다. 지금은 미국에서 동생네와 함께 살고 계신다. 요즘 TV에서 고부간의 관계를 다룬 프로그램들이 많은데 어머니의 고충은 짐작하고도 남으리라.

우리 어머니는 지금도 새벽마다 일찍 일어나셔서 혼자서 기도를 하신다. 오늘도 전화통화를 했는데 '김 장로, 매일 김 장로와 가족, 친구, 서머나 교회 담임목사님…, 모두를 위해 기도하고 있네. 기도로 계속 교통하세'라는 말씀으로 통화를 마치셨다. 지금도 내가 할 기도까지 다하고 계신 것이다.

'우연히', '마침' ; 이루시고 복 주시는 하나님

나는 2남 1녀 중 차남이다. 주위 어른들의 얘기를 빌리자면 어릴 때의 성격과 현재의 성격이 거의 180도로 바뀐 특이한 경우라고 말씀하신다.

나는 어렸을 때, 곤충과 물고기를 잡으러 산과 들, 개천과 강으로 무척이나 많이 돌아다녔다. 그러는 가운데 여러 번의 급박한 상황도 있었고, 심지어는 자동차 아래에서 기어 나오는 일촉즉발의 상황도 있었다. 나는 잠자리를 잡으러 산으로 가고, 할머니는 그런 나를 잡으러 따라 다니시고…. 나의 어린 시절은 거의 이런 모습이었다.

기독교의 특성상, 우리 집안은 찬송을 부르면서 가창과 클래식 음악에 대한 관심이 높았다. 이러한 분위기는 후에 성악을 전공하는 데 엄청난 도움이 되었다.

드디어 성격이 변하게 되는 결정적 계기가 찾아왔다.(나는 모르고 있었다.) 대학 입시를 앞두고 급했던 나는, 서원기도를 했다. '하나님, 저를 학교에 들어가게 해 주시면 하나님을 찬양하는 일을 하겠습니다.' 공과대학을 지원하는 사람이 무슨 찬양을 하겠다고, 참으로 앞뒤가 맞지 않는 기도였으나 하나님께서는 그 기도를 들으셨고 나는 인하대 화공재료계열에 당당히 합격했다. 그런데 그 다음부터 내 인생은 전혀 예상치 못한 방향을 향해 나아가기 시작했다. 즉, 중요한 순간 몇 사람의 만남을 통해 성악가의 길을 가게 하신 것이다. 마치 룻기서에서 보아스가 룻을 만날 때처럼 말이다. 룻기서 2장 3절과 4절을 보면, '마침' '우연히'라는 단어가 나온다. 하나님께서는 우리 인생에 '마침' '우연히'를 통해 원하시는 바를 이루시고 복을 주신다.

"룻이 가서 베는 자를 따라 밭에서 이삭을 줍는데 우연히 엘리멜렉의 친족 보아스에게 속한 밭에 이르렀더라. 마침 보아스가 베들레헴에서부터 와서 베는 자들에게 이르되 여호와께서 너희와 함께하시기를 원하노라 그들이 대답하되 여호와께서 당신에게 복 주시기를 원하나이다 하니라 (룻기 2:3-4)."

이처럼 내 성격을 공학자에게 맞는 성격에서 예술가에게 맞는 성격으로 바꿔 주셨고, 하나님의 찬양사역을 잘할 수 있게 필요한 자질을 훈련시켜 주셨으며, 필요한 곳에 적절히 보내 주셨다. 지금까지 나는 그 사역을 잘 감당하고 있으며 3대째 장로의 직분을 잘 감당하고 있으니 이 얼마나 감사한 일인가.

나의 나 된 것은 하나님의 은혜

이 모든 것은 첫째, 고린도전서 15장 10절의 말씀처럼 철저히 "내가 나 된 것은 다 하나님의 은혜"이며, 둘째로는 신명기 5장 10절의 "그러나 나를 사랑하여 나의 명령을 지키는 사람에게는 그 후손 수천 대에 이르기까지 한결같은 사랑을 베푼다"라는 말씀처럼 외증조부부터 내려오는 하나님 사랑과 기도의 힘이 지금까지 그 효력을 발휘하고 있다고 나는 굳게 믿는다.

"그러나 내가 나 된 것은 하나님의 은혜로 된 것이니 내게 주신 그의 은혜가 헛되지 아니하여 내가 모든 사도보다 더 많이 수고하였으나 내가 한 것이 아니요 오직 나와 함께 하신 하나님의 은혜로라(고린도전서 15:10)."

"나를 사랑하고 내 계명을 지키는 자에게는 천 대까지 은혜를 베푸느니라(신명기 5:10)."

이번 간증문을 작성하면서 조상으로부터 이어져 내려오는 하나님의 사랑과 기도의 끈을 더욱 단단히 하여 내 후손에게 잘 물려 줘야겠다는 다짐을 해 본다.

콘스탄츠에서(From Konstanz with Love)

김봉수 (물리학과 교수)

시간은 참으로 화살보다 더 빨리 흘러가, 7월 초에 한국을 떠나 왔는데 벌써 11월 중순이 되어 이곳은 이제 이른 겨울 날씨와 정경을 보이고 있다. 세월이 지나 갈수록 더욱 주만 의지해야겠다는 마음이 가득해진다.

우리의 기도를 들으시며 걸음을 인도하시는 하나님의 은혜를 찬양한다. 나의 두 아이들이 모두 독문과에 들어가게 되었는데, 아마도 우리 가정이 1999년 독일 마인츠에서 연구년을 보내게 되어, 아이들이 독일 초등학교에 다닌 영향으로 그리된 것 같다. 아내의 제안으로, 아이들의 어학연수를 겸하여 나의 연구년을 아이들과 함께 다시 독일에서 보낼 생각을 갖게 된 것이 수년 전인 듯하다. 헤아려 보니, 아이들이 군복무를 마치고 나면, 2013년이 적절한 시기가 될 것 같아, 이를 위해 하나님께 아뢰기 시작했다. 아무것도 없는 마른하늘에서 조각구름들이 생겨나고, 그것들이 모여 비가 되는 그런 과정을 지난 수년 동안 지켜보았다. 접촉할 독일대학교 교수도 일본에서 만나는 기회를 주시고, 난관이 되었던 재정문제도, 머물 곳도 모두 풀어 주시는 하나님의 놀랍고 선하신 인도하심 앞에 우리 가족은 모두 마음 깊이 감사를 드렸다.

이전에는 희미하던 것, 궁금하던 것들이 이제는 모두 구체화되어, 그 하나님의 인도 아래 지금 우리가 여기 이곳 독일의 남쪽 끝, 보덴제(Bodensee)라 불리는 중부유럽의 가장 큰 호수 옆에 있는, 8만 정도의 사람들이 사는 작은 도시 콘스탄츠에 1년간 머물게 되었다. 콘스탄츠 대학교는 1965년에 세워졌는데 독일에서는 비교적 신생 대학교에 속한다. 콘스탄츠 시의 높은 언덕에 학교가 있어, 학교 식당에 가면 날마다 보덴제의 아름다운 경치를 보는 즐거움이 있다. 우리는 온 가족이 대학의 게스트하우스에 머물고 있는데 버스로 두 정거장밖에 떨어져 있지 않아, 학교에 다니기가 편하다. 아이들은 콘스탄츠에서 가까운 라돌프젤(Radolfzell)이라는 보덴제 옆의 작은 시로 기차 통학을 하면서 그곳에 있는 독일어학원에서 집중어학 코스를 수강하고 있다. 아직까지는 큰 어려움 없이 잘 따라가고 있다. 아내는 전업주부로서 열심히 살림을 하면서 우리 세 남자를 물심양면으로 지원해 주고 있다.

이곳에서의 우리의 신앙생활은 정말 최소한에 머물고 있는 형편이다. 나와 아내가 독일어를 모르다 보니, 둘이서 성서유니온의 매일성경에 의지하여 가정 예배를 드리고 있고, 아이들은 가까운 독일 루터 교회에 다니고 있다. 주일저녁에는 인터넷으로 목사님 설교를 듣고 있는 정도이다. 경건을 향한 우리의 마음이 해이해지지 않기를 바란다.

언제 어디서나 마찬가지로 이곳에서도 나의 전공연구는 진전이 더디, 많은 노력에도, 때로는 조바심과 초조함이 가득하여 하나님께 믿음 없는 모습을 보여 드리는 일이 잦다. 살아 계신 하나님의 권능을 온전히 신뢰하는 믿음으로 잘 인내하기를 간절히 기도한다.

　나는 평소 역사에 관심이 있어 여기 머무는 동안 나의 전공인 물리학 뿐 아니라 교회사, 중세의 정경들, 종교개혁의 배경과 역사, 독일의 역사, 특히 독일 제3제국의 어두운 역사 등에 관한 이야기를 드문드문 읽어 보고 있다. 콘스탄츠가 스위스 국경에서 아주 가까워, 2차대전 당시 도시의 불을 모두 켜 놓음으로써 중립국인 스위스인 것처럼 하여 연합군의 폭격을 피했다는 재미있는 이야기가 있다.

　스위스의 가장 큰 도시인 취리히가 이곳에서 1시간 정도의 거리에 있어 가끔 주말에 가족들과 가는데, 그곳에서 대단히 열정적이고 아이디어가 많았던, 아직도 '살아' 영향력을 행사하고 있는 분을 만났다. 바로 취리히의 개혁가 울리히 츠빙글리(Ulrich Zwingli)이다. 취리히에 오면 정말 기분이 좋아진다. 취리히를 가로지르는 리마트 강 양쪽으로 세 개의 프로테스탄트 교회-츠빙글리가 시무한 그로스 뮌스터 교회, 그의 친구로서 함께 개혁을 주도하고 취리히 바이블을 만든 레오 유드가 시무한 페터 교회, 그리고 샤갈의 스테인드글라스로 유명한 프라우 뮌스터 교회-가 버티고 서서 도시의 중심을 잡아 주고 있어, 강변에서 보면 마음이 편안해져서 찬양을 하게 된다.

　하지만 안타까운 마음도 있다. 취리히의 시민들이 복음에서 자꾸 멀어져 지금은 프로테스탄트 교인들이 많이 줄어들고 있다고 한다. 취리히만이 아니라, 내가 잘은 모르지만 유럽에서 복음의 빛은 갈수록 희미해지고 있지 않나 하는 느낌을 갖게 된다. 하나님과 믿음의 관점에서 앞으로 유럽은 어떤 역사의 길을 걸어 가게 될까 궁금해지기도 한다.

다시 한 번 우리 하나님께서 경제적으로는 풍요하나 영혼은 메말라 가는 유럽에 복음과 개혁과 갱신의 빛을 비추어 주시기를 간절히 바란다. 동시에 우리 한국교회의 가는 길과 방향도 영락없이 그보다 훨씬 빠른 시간 안에 세속화되어, 길가에 버려진 소금덩이가 되지 않을까 하는 염려가 앞서게 된다. 그런 관점에서는 한국 사회가 한국 교회를 조롱하고 비판도 해 주는 모습이 몸에 좋은 쓴 약 역할을 하는 것 같아 문득 감사하게 느껴지기도 한다.

선교회 모든 주 안의 지체들이, 베드로 사도의 편지를 따라 우리 주 예수 그리스도를 아는 지식에서 계속 자라가며 하나님의 나라에 넉넉히 들어가는 복을 누리기를 기원한다. 할렐루야!

하나님의 사랑(Amor Dei)

김유섭 (음악과 교수)

황진이

황진이. 이는 조선시대 명기로서 재색을 겸비하여 서경덕 같은 당대의 명사들과 교류하며 숱한 작품들을 남겼던 기생의 이름이기도 하지만, 나에게는 중국, 일본, 미국, 러시아, 베트남 등 여러 곳을 돌아다니며 7년 동안 세계무대에서 주역으로 서게 하신 하나님의 은혜가 너무 크고 감사한, '전 5막'의 우리나라 창작 오페라의 타이틀이기도 하다.

주연의 역할이 하나님의 뜻에 합당한가 묻고 기도하면서 준비한 모습들을 하나님께서 기쁘게 보셨는지…, 놀랍게도 '황진이'라는 이름은 나의 교수 채용을 위한 마지막 면접 현장에서도 유감없이 드러났다.

오페라의 본고장 이태리에서 유학하여 수많은 콩쿠르에 입상하면서 오페라의 주역으로 데뷔하고 수많은 무대에서 기량을 펼치던 때라, 귀국하면 당연히 좋은 교수 자리가 금방이라도 주어지는 줄만 알았던 나에게, 하나님은 10년간 훈련과 인내를 시키신 후 '황진이'라는 작품에서 나의 재능과 열정적인 모습을 보았다는 면접 교수들의 칭찬과 인정으로 마침내 국립대 교수로 임용되게 하셨다. 할렐루야!

어릴 때부터 노래를 잘 불렀고 음악이 좋았던 나는, 언제나 아낌없이 칭찬과 격려를 하시는 부모님의 절대적인 성원으로 오직 음악의 한길로만 달려 갔다. 대학을 졸업한 후 오페라의 본고장인 이태리에서 공부하기를 꿈꾸었지만, 나의 가정은 아버지의 사업실패로 어려움을 겪게 되었고 부모님의 경제적인 지원은 전혀 바랄 수 없게 되었다. 그래서 어렵게 모은 작은 돈으로 유학생활을 시작하게 되었다.

그러나 이태리에 유학생활을 시작하면서 하나님께서는 많은 콩쿠르에 도전하게 하시고, 수많은 입상을 통해 언제나 물질이 부족하지 않게 채워 주셨으며, 곧 이태리 오페라의 주역으로 데뷔하게 하셔서 착실하게 실력을 쌓게 하셨다.

신앙의 길

이태리의 문화와 언어를 익히고 노래를 알아 가며 작품을 소화해 가는 동안, 힘든 유학생활에 외롭기도 하며 음악이 어렵고 또 음악이 정말 좋아서 수많은 눈물과 아픔의 시간들을 보냈는데, 이 모든 것이 하나님이 나를 신앙의 길로 인도하기 위한 훈련의 과정이었다는 것을 깨달은 것은 그리 많지 않은 시간이 흐른 후였다.

유학생활 초기 로마한인교회에서 수요예배를 드릴 때, 나는 당시 목표로 하는 학교에 합격하기를 원하면서 하나님께 간절히 기도했는데,

신앙이 확실하지 않았던 그 당시에도 전능하신 어떤 분이 나를 돕고 계시다는 것을 어렴풋이 느끼고 있던 터라, 합격만 하게 해 주시면 그분이 하나님이심을 고백하고 믿겠노라고 다짐하였건만, 기도에 응답해 주신 하나님을 난 또 그렇게 쉽게 잊었다.

마침내 하나님은 이태리의 작은 도시 오지모(OSIMO) 시에서 나의 작은 하숙집을 교회 2층에 마련하게 하시고, 위층으로 이사 온 한 신실한 한국인 유학생 자매를 통해 주님을 본격적으로 만나게 해 주셨다.

식사를 준비할 때나 시장에서 쇼핑을 할 때나 공부를 시작하기 전에 언제나 주님의 도우심을 구하며 간절히 기도하던 자매의 신실한 모습을 보면서, '나도 저런 신앙의 소유자가 되어야지'라고 간구하게 되었고, 마침내 놀라운 성령님의 역사하심으로 주님을 인격적으로 영접하였으며, 이후 참된 신앙의 길을 걷게 되었는데 얼마나 감사하고 기쁜 일인지 지금도 감격스러울 따름이다.

순종과 실천

본격적인 신앙생활을 하면서 신앙의 단순함을 생활화하기 시작했다. 즉 순종과 실천이 그것이었다. 우선 십일조를 철저히 구별하기 시작했다. 내가 물질에 초연해지면 하나님이 기뻐하실 것이라고 믿었다. 이후 약속대로 언제라도 풍성하게 채워 주시는 하나님의 사랑을 체험하고 있다.

어려웠던 유학시절에는 왜 그렇게도 울부짖는 기도가 많았는지….

돌이켜 보니 이 모든 것이 어려운 가운데서 주님 앞에 엎드리고 기도하게 하시는 하나님의 특별하신 사랑과 훈련의 과정이었음을 나중에 알게 되었다.

철의 성대

유학생활을 하는 중 찬양대를 섬기던 한 신실하신 집사님의 모습을 통해 많은 은혜와 도전을 받았는데, 이는 귀국 후에 섬기는 교회의 찬양대를 창설하고 지금껏 지휘자로서 봉사할 수 있게 하신 하나님의 또 다른 계획이었다. '철의 성대의 소유자'라는 별명을 들으면서 지금껏 노래를 하며 무대의 주역으로 노래를 부를 수 있다는 것은 기적이며 순종하는 자에게 베푸시는 하나님의 은혜임을 고백한다.

나의 나 된 것이 오직 하나님의 은혜

참된 신앙을 가진 한 사람의 영감어린 음악인이 사회에 끼치는 영향력은 실로 크다고 할 수 있겠다.

무대에서는 오페라 연주자로서, 교회에서는 권사로서, 대학에서는 교수로서 많은 일을 맡고 있지만, 무엇보다도 가장 힘을 쏟고 있는 것은 대학에서 학생들을 가르칠 때 함께 기도하면서 그들을 영적인 신앙인으로 양성해 내는 일이다. 영향력 있는 많은 지도자가 세워져서 지역 사회와 특히 지방 음악 발전에도 기여해 주기를 바라는 기대가 크다.

서울에 비해 낙후되어 있는 지방의 음악 수준을 생각할 때, 특별히 감사한 것은 수년 전부터 기획하고 실천해 오고 있는 '연말 사랑의 자선 음악회'이다. 이를 통해 우리 모두가 음악에 관심을 가지면서 이웃 사랑도 실천하게 되어 마치 주님의 가르침을 본받는 것 같아 감사할 따름이다.

개인적으로 영광인 것은 그동안 무대 밖에서는 이렇다 할 상을 받은 기억이 많지 않았는데, 재작년에 제37회 부산음악상 연주부문에서 수상을 하게 된 것이다. 해외활동을 마치고 귀국한 1992년에 부산음악상 특별상을 받은 이후로 큰 상은 처음이라 감사하기도 하며 기쁘기도 했다.

돌이켜 보니 '나의 나 된 것이 오직 하나님의 은혜'였다. 허물과 죄로 영원히 죽을 수밖에 없었던 나를 예수님의 십자가의 대속하심으로 구원과 부활과 영생의 소망을 가지고 신앙생활을 하게 인도하셨다. 이제 나도 이와 같이 주님의 복음과 사랑에 빚진 자로서 마땅히 맡기신 주님의 사명과 부탁에 순종하는 삶을 살아야겠다.

모든 영광을 하나님께 돌린다. 할렐루야!!

부모님의 기도

김정기 (행정학과 교수)

전도사의 자녀

호적에 출생지가 충북 청주시로 나와 있지만, 어머니 말씀에 의하면 경기도 용인군 구성면 죽전리 대지산 아래에 있는 죽전제일침례교회에서 부친께서 전도사로 교회를 개척하고 있을 때 내가 태어났다고 한다. 부친께서 경기도, 전라북도, 충청북도의 개척교회를 전전했던 관계로 동생들은 모두 다른 곳에서 태어나게 됐다. 이러한 과정에서 어린 시절에 대한 기억 속에 생생한 것은 잠에서 깨어날 때마다 간절히 기도하고 계시던 부모님의 모습이었다. 이른 새벽시간에 잠에서 깨어나면 어머니와 아버지는 내 머리맡에서 기도를 하고 계셨다.

지금은 한국이 경제적으로 성장하여 교회사역자들의 생활도 예전보다는 매우 좋아졌다. 하지만 50년대 말과 60년대는 6·25 전쟁 이후 경제상황이 황폐한 상태였기 때문에 대부분의 사람들이 살기가 어려웠다. 게다가 시골의 개척교회 전도사 생활은 특히 어려웠던 것 같다. 어머니에 말씀에 의하면, 쌀 나올 때 쌀 세 말, 콩 나올 때 콩 세 말, 보리쌀 나올 때 보리 쌀 세 말이 개척교회 전도사에 대한 월 보수(사례)의 전부였다고 한다. 부친께서는 오로지 전도사역에만 전념하셨기 때문에 가정경제 운영은 어머니 몫이었다. 전도사 사모인 어머니는 사모일 외에 교회 앞 빈터에 채소를 심고, 닭, 토끼, 돼지를 키웠으며, 또한 편물을 배우셔서 동네 사람들의 스웨터를 만들어 주면서 가정경제를 책임지실 수밖에 없으셨다. 내가 초등학교 저학년일 때, 부친께서도 전도사역 이외에 앙고라 토끼와 양을 기르셨던 기억이 난다. 요즘은 캐시미어 스웨터가 고급이지만 그 당시에는 앙고라 스웨터가 꽤 고급이었다. 그런 이유로 집에서 양을 키우는 것과 동시에 앙고라 토끼도 기르셨다. 이렇게 경제적으로 어려운 상황에서 매일 새벽 4시에 교회의 새벽종을 치시며, 아들의 머리맡에서 늘 기도하여 주시던 부모님의 모습이 지금도 눈에 선하다. 지금은 교회의 새벽종소리가 소음 공해라는 이유로 사라졌지만, 모든 교회가 70년대와 80년대까지는 새벽기도 시간에 맞추어서 종소리를 울렸다.

어려서부터 단칸방에 두 장의 그림(사진)이 좌우로 걸려 있는 것을 보면서 성장했다. 한 장의 그림은 부모님께서 결혼하실 때에 고아원 아이들이 그려 준 예수님의 초상화이고, 또 다른 한 장은 사무엘 선지자가 두 손 모아 기도하는 사진이었다. 부모님의 기도와 더불어 사무엘 선지자의 그림 사진을 항상 보면서 성장했기 때문에 기도의 축복을 많이 받았다는 생각이 든다.

학창시절; 초등학교

지금은 직업이 학문을 탐구하고 가르치는 교수이지만, 초등학교 시절을 회고하면 공부보다는 예체능에 관심이 많았다. 학교를 대표하는 육상 선수였기 때문에 공부보다는 운동을 장래 직업으로 생각했다. 그 당시 가장 닮고 싶은 사람은 맨발로 1964년 동경올림픽 마라톤에서 금메달을 딴 에티오피아의 아베베 선수였다. 운동선수로 출세하는 것이 가난을 극복하는 최고의 지름길이라 생각했다. 그러나 충분히 영양을 섭취하지 못하고 운동을 너무 지나치게 하는 바람에 영양실조로 쓰러지게 되었고, 육상선수로서 성공하지 못하고 그만둘 수밖에 없었다. 운동을 한 후에 목마르고 허기진 배를 수돗물로 몇 바가지씩 채워야 했으니 당연한 결과였다. 이 당시 내 책가방은 빵가방이었다. 학생들이 선수 돕기를 한다며 모아온 빵과 학교에서 급식을 하고 남은 옥수수 빵을 가방에 담아 집으로 가져왔기 때문이다. 장남으로서 이것이 가계에 어느 정도 보탬이 된다고 생각한 것이다. 이즈음 동네 불량소년들과도 어울리게 되었고, 어느 날 밤 이들과 모의를 하여 한 가게에서 사과 한 개를 훔쳤다. 사과를 훔쳤을 때, 죄책감에 가슴이 놀래서 두근거렸고, 이를 억제할 수 없었으며, 또한 나를 위하여 늘 기도하여 주시는 부모님 생각이 났다. 나의 발길은 곧바로 훔친 사과 하나를 들고 부모님에게로 향했고, 부모님에게 잘못했다고 이실직고를 했다. 또한 하나님께 기도로 잘못을 회개했다. 이때 부모님은 나의 행동을 책망하는 대신에, 곧바로 두 손으로 나의 손을 꼭 잡고 기도해 주셨으며, 기도가 끝난 후에는 나와 함께 과일 가게로 가서 주인에게 사과를 돌려주고 대신 미안하다고 하셨다. 부모님의 이 기도는 불량소년들과의 관계를 완전히 끊는 계기가 되었고, 지금도 이때에 부모님이 나를 책망하고 혼내서 쫓아내는 대신에 기도하여 주신 것에 대해 무한한 감사를 느낀다.

학창시절; 중학교

초등학교를 졸업하면서 교회가 아주 싫어졌다. 교회가 회칠한 무덤으로 여겨졌기 때문이다. 교인들이 교회에서는 천사같이 행동하는 것처럼 보였지만 교회 문을 나서는 순간 다른 사람이 되는 것 같았다. 이러한 생각이 들자 교회와 담을 쌓게 되었다. 청주중학교 1학년 시절, 신문을 배달하면서 고학을 해야 했다. 새벽에는 조간신문을 110부 돌렸고, 학교에 가서는 쉬는 시간마다 중학생판 신문을 각 교실마다 돌리며 수금을 했다. 또한 방과 후에는 석간신문을 돌렸고, 주말에는 주간조선을 공원에서 판매했으며, 신문대금을 수금하러 다녔다. 중학교에서도 운동에 관심이 있어서 농구팀에 들어갔다. 학교 수업은 평소에는 오전에만 하고 오후에는 농구만 했는데, 시합을 앞두고는 오전 1교시와 2교시만 하고 운동에만 전념했다. 그러면서 학업 성적이 중간 이하로 떨어지게 되었다. 그런 와중에 중학교 2학년 1학기에 치명적인 무릎부상을 당하면서 운동을 완전히 접을 수밖에 없었다. 그때 남은 것은 500명 가운데 300등 이하의 학업성적과 무릎부상뿐이었다. 학교 운동선수들이 순수하고 좋은 학생들도 많았지만, 그중에는 불량학생들도 있었다. 나는 방과 후에 하교하는 학생들에게 돈을 갈취하기도 하며 담배도 피우는 불량학생들과 어울리기도 했다. 그러나 무릎부상으로 운동을 중단

해야 했고, 자연스럽게 그동안 어울렸던 불량친구들과도 결별하게 되었다.

어느 날 중학교 2학년 1학기 말이 다가올 무렵, 미술 선생님께서 수업 시간에 학생들을 평가하면서 각 학년마다 4명씩을 선발하여 미술부를 구성하셨다. 정해일 미술 선생님께서는 매일 방과 후에 짜장면을 사 주시며, 무료로 미술을 가르쳐 주셨다. 물질적, 시간적인 면에서 자기 희생적인 선생님을 회고하면 지금도 존경심이 우러러 나온다. 여기에 선발된 미술 부원 가운데 농구부에서 활동하던 나를 제외하고는 모두 공부를 잘했다. 이들과 함께 어울리기 위해서, 매일 새벽 3-4시에 일어나 뒤처진 공부를 만회해야만 했다. 여름방학에도 미술을 배웠는데 중학교 2학년 가을에 실시한 예술제와 3학년 때 참가한 신문사 주체 미술 실기대회에서 최고상을 수상했다. 이로 인해 고등학교에 미술 특기생으로 내락되기에 이르렀다. 이때 진로를 놓고 고민하게 되었는데, 주변에서 들리는 말에 의하면, 미술을 전공하려면 돈이 많이 든다고 했다. 집안 형편을 고려해 보니 미술을 계속할 수 없다는 결론에 도달했다. 나의 중학교 시절은 철저하게 교회를 등지면서 지낸 시간이었다. 이러한 생활에 대해 부모님께서는 교회 나가기를 강요하는 대신 늘 나를 위해 새벽 기도를 하셨다.

학창시절; 고등학교

고등학교 3년을 졸업하면 모두 철도청의 공무원이 되는 특수목적고인 서울의 국립철도고등학교로 진학할 수 있었다. 서울 용산에 있던 국립철도고등학교는 주로 지방에서 가난하면서도 학업성적이 어느 정도 우수한 학생들이 지망하던 (준)실업계 학교였다. 철도청에 필요한 인력을 양성하는 곳이었기에 운전과, 행정과, 토목과, 전기과, 통신전자과 등으로 구성되어 있었고, 학비를 포함한 모든 것이 무료였으며, 졸업과 동시에 졸업생 모두가 9급 공무원이 될 수 있었다. 입학할 때의 선택사항은 졸업할 때 서울대학교, 연세대학교, 고려대학교에 입학하면 정부에서 학비를 대 주는 특대생으로 지원할 수 있는 것이었다. 이러한 조건이 나를 미혹했다. 고등학교 1학년 시절은 라디오를 만들고 TV 수리, 통신과 전기전자에 대해 공부하면서 특수무선기사 자격증을 취득하는 데 몰두했다. 그 결과 특수무선 레이더기사 자격증을 취득할 수 있었다. 그런데 1학년을 마치고 2학년에 올라갈 무렵 교무실에서 이상한 일이 발생했다. 고3 선배들이 졸업하면서 서울대학교, 연세대학교, 고려대학교에 합격해서 정부지원 특대생으로 진학하려는 것을 선생님들은 철도청에 복무하라고 설득하는 것이었다. 이런 모습에 나는 큰 실망을 하게 되었다. 열심히 자기 계발을 하려는 젊은이의 앞길을 가로막는다는 생각이 들었다. 고등학교 2학년이 되자 학교에 대한 애정이 식게 되었고, 2학년 2학기가 되자 학교를 그만 두어야겠다는 생각이 들었다. 청주로 내려와서 아버지께 고등학교를 중퇴하겠다고 말씀드렸다. 지금 돌이켜 보면, 부모님 입장에서 이러한 나의 태도는 받아들이기 어려운 일이었다. 공무원으로 취업이 100퍼센트 보장된 학교를 잘 다니다가, 갑자기 고등학교를 그만 두고 혼자 공부하겠다고 거의 통보 형식으로 말하는 자식을 어떻게 쉽게 받아들일 수 있을까? 하지만 아버지는 고등학교 자퇴 통보에 나를 전혀 책망하거나 화내시지 않고, 잠시 생각하신 후, 기도로서 나의 앞길을 하나님께 부탁하셨다. 중퇴한 고등학교 시절도 교회를 등지고 오로지 나의 능력에 의존하는 생활이었다.

대입검정고시; 교회와 대학교

서울에서 고등학교를 중퇴하고 충북 청주로 낙향한 나는 학원에 다닐 경제적 여건이 되지 않았다. 그래서 중고책방을 훑으며 인문계 고등학교 중고 참고서를 구입했다. 집에서 독학으로 고등학교 과정을 섭렵하기로 마음을 먹었다. 그리고 이듬해 봄 대입검정고시에 응시했다. 모든 과목을 통과해야 대입예비고사에 응시할 수 있었지만, 영어에서 과락을 맞았다. 최초의 낙방이었고, 가을에 대입검정고시를 다시 응시하여 합격할 수 있었다. 그런데 이번에는 대입검정고시에서는 합격했지만 대학입시에 실패하여 재수를 하게 되었다. 고등학교 과정을 독학하는 것은 능률적이지 못했다. 결국 재수 끝에 충북대학교에 입학하게 되었다. 이 과정에서 경제적인 어려움으로 학원에 보내 주시지는 못했지만, 부모님은 항상 나를 위해 기도로서 힘이 되어 주셨다. 또한 두 번의 시험 실패 과정을 겪으며, 작심하면 무엇이든지 할 수 있다는 오만함에서 벗어날 수 있게 되었다. 나의 오만함에 대해 처절하게 참회하는 시간을 갖게 되었고, 하나님께서는 오만한 자를 가장 싫어하신다는 것을 깨달았다. 나 또한 회칠한 무덤에 다니는 사람보다 나을 것 없는 부족한 인간 중의 한 사람이라는 것을 절실하게 느꼈다. 나 자신이 많이 부족한 인간이기에 회개하고 예수님을 믿고 교회에 다시 나가야 한다는 생각이 들었다. 부모님의 기도는 시간이 걸렸지만 나를 다시 교회로 인도해 주었다.

나의 대학생활은 입학과 동시에 교회생활에 먼저 충실하면서, 중퇴로 충실하지 못했던 고등학교 과정을 대학에서의 학문탐구로 만회하는 과정이었다. 주일학교 교사, 성가대, 교회대학생회 활동에 개근하려고 노력했다. 특히 대학 3학년부터는 교회 도서관 총무 겸 사서로 일하게 되었고, 대학교에 수업이 있을 때를 제외하고는 1년 365일 모든 시간을 교회에서 도서관을 관리하면서 보냈다. 신앙생활에 충실하려고 노력했던 대학교 4년의 결실은 대입검정고시에서 영어 과목 낙제생이었던 나를 국제로터리재단 장학금과 휴스턴대학교 교육조교 장학금을 동시에 받게 하여 미국 유학을 할 수 있게 했다.

기도의 유산

이 모든 것이 부단히 인내하시면서 자식을 위해 기도로서 양육하려 노력하신 부모님의 덕택이었으며, 부모님께서는 나에게 물질적 유산 대신 기도의 유산을 많이 물려 주셨다. 지금 생각해 보면 어린 시절부터 부모님의 기도를 통한 은혜를 많이 받은 것 같다. 항상 나를 위해 기도해 주시던 부모님을 생각하면 지금도 정말 감사할 따름이다.

간증이 없는 간증

노명현 (영어영문학과 교수)

보통 간증이라고 하면 험산 준령을 넘고 거친 풍랑을 이긴 삶의 이야기를 생각하게 된다. 그래서 간증은 사람의 힘으로는 어찌할 수 없는 극한 상황에서 하나님의 은혜로 문제가 해결되었다는 내용이 주를 이룬다. 즉, 중한 병에 걸렸다가 나았다든지, 사업을 하다가 부도가 나거나 경제적으로 파산했는데 하나님의 은혜로 재기했다는 식이다. 그러나 나는 간증 이야기만 나오면 특별한 간증거리가 없다는 말을 하고는 넘어간다. 그러나 곰곰이 생각해 보면 간증이 없는 것이 얼마나 은혜인지 모른다. 살아오면서 어찌 어렵고 힘든 순간이 없었으랴마는 그러한 난관을 별로 힘들다고 느끼지 않고 살아오도록 하나님께서 섭리하셨음을 깨닫고 이것도 은혜요 간증이라 생각한다.

출생과 성장 배경

나는 우포늪에서 얼마 떨어지지 않은 경상남도 창녕군 이방면 현창리라는 시골의 한 불신가정에서 4형제의 장남으로 태어났다. 6·25가 끝난 직후라 대부분의 가정이 의식주 생활에 어려움을 겪고 있던 때였다. 내가 아주 어릴 때 우리 가정은 너무 가난하여 끼니도 겨우 이어갔었다는 말씀을 어머님에게서 듣곤 했다. 그러나 그 후 부모님께서는 5일장을 다니시면서 옷 장수를 하셨다. 그 당시는 교통이 불편하고 경제적으로도 여유가 없어서 도시와의 교류가 매우 적었다. 그래서 구정이나 추석 등 명절이 되어야 새 옷 한 벌과 고무신이나 운동화 한 켤레를 사서 입고 신었었다. 5일장이 활성화되던 시절에는 우리 부모님이 운영하시던 가게의 규모가 가장 컸고 매출도 꽤 많았기에 경제적으로 조금 여유가 생겼다. 그래서 나는 초등학교를 졸업하고 곧바로 대구에 있는 중학교로 진학을 했다. 그 당시 시골에서는 중학교에 진학하는 학생이 많지 않았음을 볼 때 객지로 공부하러 간다는 사실만으로도 행운이었다. 여기에는 자녀들을 배우게 하겠다는 우리 모친의 학업에 대한 열정이 크게 작용했다. 올해 83세이신 모친은 아직도 책 읽기를 즐겨하셔서 내가 책을 사다 드리기가 바쁘고 내가 읽고 난 신문을 출근할 때 드리고 나서 퇴근하고 오면 상세히 읽으시고는 이런저런 기사 내용에 대해 말씀을 하셨다. 반면에 부친은 술과 노름에 빠져 규모 없는 경제생활을 하셨다.

서서히 그리스도인으로 만들어 가시는 하나님

하나님께서는 나를 구원하시기 위해 강권적인 방법보다는 인격적인 방법으로 서서히 예수를 믿게 하는 방법을 택하셨다. 중학교 시절부터 나의 삶에 늘 그리스도인들을 주변에 붙여 주셨다. 그리고 결정적으로 아내를 통해 나를 주님께 붙들어 매셨다. 지나고 나서 보니 하나님께서는 나를 자녀 삼으시기 위해 꽤 오래 뜸을 들이시고 서서히 포위해 오신 듯하다. 고기잡이로 치자면 큰 그물에 들어가게 하고 나서 천천히 그물망을 좁혀 오신 것이었다. 중학교 시절부터 대구로 유학을 가서 자취를 하게 되었는데 공교롭게도(?) 봉산교회의 장로님 가정이었다. 그래서 성탄절을 포함하여 몇 차례 교회에 갔던 기억이 있다. 그 후 고등학교 2학년 때 크리스천인 고종사촌 동생과 자취를 했고 대구 대봉교회(박맹술 목사 시무)를 출석했다. 성탄절이 되기 얼마 전날에 등록하여 성탄축하축제 때 고등부 찬양을 함께했던 일이 기억난다. 대학에 입학해서는 교회에 출석하지 않았으며 대학원을 졸업하고 1977년 7월부터 육군사관학교 교수로 근무하게 되었는데, 그때에도 주변에 크리스천들이 많이 있었고 그들의 권유로 서울동숭교회(박승은 목사 시무)와 육사교회에 출석하게 되었다. 그러나 그때는 믿음 없이 예배에 출석하다 보니 주일예배에 빠지는 일이 다반사였다. 그러던 차에 독실한 신자인 현재의 아내와 맞선을 보아 결혼을 하게 되었다. 처가는 4대째 예수를 믿고 있는 독실한 기독교 가정이었으며, 장인 어르신은 장로님이시고 장모님은 권사님이셨다. 아내는 3남 4녀 중 셋째 딸이었고 경북 예천군 소재의 감천중학교에서 교사로 재직 중이었다. 1980년 2월 22일에 약혼을 했으나 서로 멀리 떨어져 있어서 자주 만날 수는 없었고 한 달에 두어 차례 주말에 서울이나 감천에서 만나다가 그 해 11월 8일에 결혼을 했다. 결혼 전이나 신혼 때도 서로 멀리 떨어져 있어서 한 번씩 만나기가 꽤나 힘들었다. 군인의 신분이어서 토요일 오후에 청량리에서 중앙선 열차를 타고 영주에 내려서 다시 감천까지 가는 시외버스를 타야 했다. 그러면 토요일 늦은 시간에 도착하게 되고 이튿날 교회에 가서 오전 예배를 드리고 나면 곧 서울행 채비를 차려 출발해야 했다. 성경도 조금씩 읽고 아내가 준 찬양 테이프로 찬양을 듣기도 했다. 그렇게 하여 점점 예수 그리스도를 알아가게 되었다. 그러나 아직도 예수님을 인격적으로 만난 것은 아니었고 아내와의 약속에 대한 의무감에서 교회에 출석하게 되었다. 무늬만 크리스천이었지 세상의 즐거움을 좇아서 사는 삶이 계속되었다.

많은 그리스도인은 자신이 언제 주님을 인격적으로 만나 영접했는지 기억하지만 나의 경우에는 조금씩 믿어지게 된 경우라서 확실하게 말할 수는 없다. 1982년 1월에 장남인 태준이가 태어났는데 그 기쁨도 잠깐이었다. 태준이는 발육이 늦었고 10개월 후에 병원에서 다운증후군 진단을 받았다. 그 당시에는 믿음이 제대로 없었는데도 정신지체장애인이 된다는 의사의 검사결과를 듣고도 크게 충격을 받지 않았고 이런 아이를 주신 것은 하나님의 뜻이라고 쉽게 수용했다. 참 신기한 일이었다. 자녀는 부모들의 소유물이 아니라 하나님의 선물이며 이런 아이를 우리 가정에 주신 것은 우리 부부가 키울 수 있다는 믿음을 보시고 주셨다는 생각이 들었다. 이렇게 생각하도록 하신 것은 성령의 역사였다. 그 후 두 딸 윤경이와 수경이를 우리 가정에 보내 주셨다. 1982년 6월 30일에 전역하고 1983년 6월 13일에 창원대학교에 교수로 임용되었다. 그러나 생활 근거는 대구였고, 1990년 5월에 창원으로 이사 올 때까지 대구에서 출퇴근을 했다. 그래서 모친이 출석하고 계시는 대구

월배교회(이창우 목사 시무)에 다니며 집사 직분을 받고 창원까지 출퇴근하는 어려움 가운데서도 제자훈련을 성실히 받았다. 그 후 1991년 1월 첫 주에 명곡교회(김정룡 목사 시무)에 등록했고 간혹 새벽기도에 출석하고 특별새벽기도 기간에는 3주이든지 100일이든지 기간에 관계없이 출석했다. 중고등부와 대학부 교사, 찬양대원, 구역장을 맡아 열심히 교회를 섬겼다. 또 한 가지 기억에 남는 것은 창원대학교의 물이 좋아서 주일마다 식수와 점심식사용 물을 승용차로 실어서 교회에 공급하던 일이었다. 나중에는 교회가 성장하여 매 주일 20리터 통을 5통씩 날라야 했는데 이것도 쉬운 일이 아니었지만 기쁨으로 섬겼다. 이런 과정 속에서 이제 새벽기도가 일상생활이 되었고 주님이 나를 만나 주셨으며 주님을 구주로 고백하는 확실한 신앙고백을 하게 되었다. 성경을 좀 더 체계적으로 공부하고 싶은 마음에 2년 과정의 성경통신대학에 등록하여 1997년 2월에 수료했다. 그리하여 하나님의 은혜로 1996년 11월 26일에 장립 집사, 2001년 5월 30일에 장로 임직을 받게 되었다. 돌이켜 보면 하나님은 나의 믿음의 크기보다 앞서 교회의 일꾼으로 쓰시기 위해 직분을 주신 것 같다. 평범한 어부를 부르셔서 제자 삼아 가르치고 훈련시키셔서 사용하셨다. 학교에서도 교수선교회의 전신인 밀알회와 교수선교회에서 나름대로 열심히 활동했다.

하나님의 은혜와 역사하심

나의 경우에는 내 자신의 간증보다 가족의 간증거리가 더 많은 것 같다. 하나님의 은혜라고 생각하는 나의 가장 큰 간증은 하나님께서 신실

한 아내를 만나게 하셨다는 것이다. 신앙의 뼈대 있는 가문에서 믿음
생활을 하면서 자란 아내가 어떻게 나를 배우자로 선택했는지 그리고
나 또한 믿음이 없으면서 어떻게 독실한 아가씨와 결혼할 마음이 생겼
는지 이제와 돌아보니 이 모든 것이 나를 구원하시기 위한 하나님의 섭
리였음을 깨닫게 된다. 우리 가족 가운데서 모친이 가장 먼저, 그 다음
으로 둘째 동생이 예수를 믿었다. 부친이 예수를 믿지 않아 모친이 신
앙생활을 하시는 데 핍박이 많았고 성경이 찢기는 경우도 몇 차례 있었
다. 그러나 부친의 술, 노름, 폭행으로 의지할 곳이 없었던 모친은 핍박
속에서도 주님을 의지하며 살아오셨다. 그런데 부친은 내가 교회에 다
니며 예수 믿는 것에는 한 번도 반대를 하지 않으셨고 묵과하셨다. 갑
자기 제사도 지내지 않겠다고 말씀을 드렸는데도 너가 알아서 하라는
식이셨다. 작지만 이것도 기적 같은 하나님의 역사였던 것 같다.

다음으로는 장남인 태준이를 통해 하나님을 볼 수 있게 해 주셨다.
태준이는 태어날 때부터 다운증후군 합병증 중의 하나인 심실중격결손
이 있었고, 몸이 허약해서 감기 등으로 초등학교에 입학하기 전까지는
일 년의 절반은 병원에 다녔다. 그러다가 초등학교(특수학교) 1학년 때
심장 수술을 받았는데 수술 후 상태가 안 좋아서 2-3일이 고비이고 사
망할 수도 있으며, 심장이 약하게 박동하면 배터리를 심장에 달아야 할
수도 있다고 했다. 배터리는 10년 주기로 교체해야 한다고 했다. 그때
전교인이 기도회와 새벽기도 시간에 합심하여 간절히 기도했다. 그 결
과 상태가 호전되었고 배터리를 달지 않아도 된다는 의사의 말을 들었

다. 할렐루야! 우리 가정에 주신 중보기도의 가장 큰 응답 중의 하나였다. 그 후 태준이는 건강해져서 정말로 신실하게 신앙생활을 했고 착하게 자랐다. 그리스도의 사랑으로 자녀를 양육하고 화목한 가정을 이룬 표본으로 태준이는 몇 차례 매스컴을 탔다. 1999년 6월 23일에 MBC의 "사람들"이란 프로그램에 "태준이 홀로 세우기"가 방영되었고, 1999년 8월 20일자 경남신문에 "아름다운 가정 찾기 운동"에 창원시 대표 가정으로 소개되었으며, 2003년 8월 24일 MBC "행복을 찾는 사람들"이란 프로그램에 우리 가족의 모습이 방영되었다. 2010년에는 창원문성대학교(사회복지 전공)를 졸업했고 재학 중 "하나님이 채우신 그림"이란 제목으로 유화 전시회를 열기도 했다. 부족한 태준이를 친구 삼아 노충현 화백은 유화 지도를 해 주셨고 명곡교회 이상영 담임목사님과 성도들, 주위의 많은 사람이 태준이에게 각별한 사랑을 주었다. 태준이는 장애를 지닌 오빠를 부끄러워하지 않고 의좋게 지낸 두 여동생에게 든든한 존재였다. 태준이를 이렇게 자랑하는 것은 장애인들을 둔 많은 부모님들에게 장애인도 할 수 있다는 것을 보여 주어 소망과 용기를 갖게 하고자 함이다. 지적 장애를 가졌고 천덕꾸러기일 수도 있는 장애인에게도 하나님께서 재능을 주셨고 그 재능을 잘 계발하는 것이 부모의 역할임을 깨닫게 하셨다. 태준이는 글쓰기, 그림 그리기, 찬양하기를 좋아했다. 태준이는 정상인들과 거의 같은 시기에 한글을 깨우쳤고 한글을 깨우친 이후부터 일기를 써 왔다. 일기장이 셀 수 없을 정도로 많고 일기 가운데 간증과 찬양이 많이 있다. 그러나 하나님께서는 태준이를 우리 부부보다 더 사랑하셔서 폐암으로 1년간 투병하다가 2011년 6월

22일 서른 살의 나이에 천국으로 데려가셨다. 천국에 가기 며칠 전까지 일기를 썼으며 열흘 전에 2차 그림 전시회를 가졌다. 정말 자칭 '미소천사'라 했는데 정말 미소천사로 살다가 갔다. 태준이의 그림과 글을 모아 출판하려던 계획은 아직 실행에 옮기지 못하고 마음의 빚으로 남아 있다.

다음은 부친에 대한 간증이다. 부친은 어느 모로 보나 예수를 믿을 분 같지 않았다. 애주가에다 가무음곡을 즐기시며 노는 판에는 늘 앞장서시던 분이셨다. 그러나 70대 중반부터 모친의 강요에 굴하여 교회를 다니시기 시작하셨다. 별로 믿음은 없으셨는데도 교회에 출석은 잘하셨다. 그러다가 돌아가시기 며칠 전부터 믿음의 확신과 구원을 받은 모습을 보여 주셨다. 나의 아내가 계속해서 사도신경을 읽어 드리고 "지금까지 지내온 것", "나의 갈 길 다가도록", "예수 사랑하심은" 등의 찬송을 불러 드렸다. 또 통증이 있고 호흡이 힘들 때는 "예수님, 도와주세요", "예수님 내 손 잡아주세요"라고 기도하라고 말씀드렸더니 그대로 순종하셨다. 스스로 "예수님이 좋은 걸"이란 복음송을 읊조리기도 하셔서 함께 부르기도 했다. 나의 아내가 "돌아가시면 천국 갈 자신 있으세요?"라고 묻자 "응"이라고 대답하셨다. 다음날 담임목사님이 오셔서 동일한 질문을 했을 때도 또렷하게 "예, 천국가야지"라고 말씀하셨다. 목사님이 내일이나 모레 다시 오겠다고 하시자 "오실 필요 없습니다. 먼저 천국에 가 있으면 목사님 뒤에 오세요"라고 말씀하셨다. 그날 오후 늦게 예수를 믿지 않는 대구의 동생 부부가 병원에 도착하자마자 "너희도 모두 예수 믿어라"라고 말씀하셨다. 병원에 오실 때 "내가 닷새밖에 못 산다"라고 말씀하셨는데 정말로 입원한 지 닷새 만에 천국으로 가셨다.

또 한 가지 간증은 부친을 위한 나의 기도에 응답해 주신 것이다. 우리 교회는 2009년 8월 6일부터 2박 3일 동안 경주 국민수련원에서 있을 전교인수련회를 앞두고 기도하고 있는 중이었다. 그래서 수련회에 지장 받는 기간에는 "하나님, 부친을 데려가시면 안 됩니다"라고 간절히 기도했다. 이 기도에 하나님께서 응답하셔서 수련회에 지장받지 않는 7월 28일에 부친을 천국에 데려가셨다. 수련회 기간에 혹시라도 장로 가정에 상이 나면 교회가 어떻게 될지를 생각해 보니 감사하지 않을 수 없었다. 또 한 가지 기도제목은 통증으로 너무 고생하지 않고 편히 천국에 가시게 해 달라는 것이었는데 감사하게도 이 기도에도 응답해 주셨다.

예수를 믿기 전에 내가 가장 많이 했던 질문은 "예수 안 믿고 착한 일 많이 한 사람은 지옥에 가고 예수 믿으면서 나쁜 일 많이 한 사람은 천국에 가는 것이 옳으냐?"는 것이었다. 그리고 많은 것을 이성적으로 따졌다. 그러나 믿음이 생기고 나니 하나님의 계시와 섭리는 이성과 차원이 다름을 인정하게 되었다. 우리의 이성으로 다 헤하려지는 수준의 하나님이라면 신도 절대자도 아니라는 생각이 들었다. 먼저 창세기 1장 1절 "태초에 하나님이 천지를 창조하시니라"는 말씀이 믿어졌다. 인간이 단세포 생물에서 진화된 존재라는 진화론이 터무니없는 이론이란 생각이 들었다. 그 후 성경을 읽고 성경공부를 하면서 왜 예수님이 동정녀에게서 탄생해야 했으며, 죽은 지 삼일 만에 부활하셔야 했는지를 깨닫게 되었다. 하나님은 천지만물의 창조자이시요, 전지전능하신 분이기 때문에 피조물인 우리 인간들과 차원이 다름을 인정하게 되었다. 그리고 나니 모든 것이 믿어졌다. 자신의 뜻과 섭리대로 세상을 통치해 가시는 하나님께는 쉽고 어려운 일이 따로 없다. 하나님께서는 그 능력과 사랑으로 하나님의 선민인 이스라엘 백성을 애굽에서 나오게 하시고, 광야에서 40년 동안 먹이시고 입히시며, 가나안 땅에 들어가게 하셨다. 그 후 하나님의 백성이 하나님을 떠나 우상숭배를 하게 되자 많은 선지자를 통하여 회개를 촉구했으나 청종하지 않자 마지막 수단으로 동정녀를 통해 자신의 외아들을 보내서 구원 계획을 이루셨다. 이런 하나님과 우리 예수님도 동등한 능력을 가지셨다. 아버지 하나님의 뜻에 순종하여 십자가에서 죽으셨지만 죽은 지 삼일 만에 부활하셨고, 죽은 나사로를 살리셨으며, 물 위를 걸어 다니셨고, 물이 변하여 포도주가 되게 하셨다. 이런 일들이 예수님께는 전혀 어려운 일이 아니라는 것을 깨닫게 되었다. 무엇보다도 이제 세상에 대한 관점이 변하게 되었다.

"그런즉 누구든지 그리스도 안에 있으면 새로운 피조물이라 이전 것은 지나갔으니 보라 새 것이 되었도다(고린도후서 5:17)."

이 성경구절이 내게 해당되는 말씀이었다. 내가 나의 의지와 지식으로 말씀을 믿고자 했을 때는 논리적으로 따지고 했는데 나중에 알고 보니 믿음은 능동적인 개념이 아니라 수동적인 개념으로 하나님께서 믿게 해 주심으로 내가 믿어지는 것이었다. 그러고 보니 믿음이 공짜요 믿음의 결과로 구원을 받으니 이것이 하나님의 선물임을 깨닫게 되었다.

> "너희는 그 은혜에 의하여 믿음으로 말미암아 구원을 받았으니 이것이 너희에게서 난 것이 아니요 하나님의 선물이라(에베소서 2:8)."

신앙이 조금 성숙해지고 나니 소명(vocation, calling)과 사명(mission)에 대해 생각해 보게 되었다. 하나님께서 우리를 구원하심은 우리를 사랑하셔서 천국에서 영생을 함께 누리게 하심도 있지만 또한 우리를 통해 이 땅에서 주의 일을 감당하게 하시기 위함임을 깨닫게 해 주셨다. 그래서 주님은 내게 주신 교수라는 소명을 통해 복음전파의 사명을 감당하기 원하신다. 창원대학교가 내게 주신 미션 수행지이다. 그러나 이 사명을 잘 감당하지 못해서 늘 부끄러운 모습으로 살아온 것을 회개한다. 나는 '주님과 나의 역할 바꾸기'라는 말을 자주 사용한다. 주님은 내가 주의 일을 하기 원하시며 그렇게 할 때 주님은 나의 일을 해 주신다. 이것은 마태복음 6장 33절 말씀이기도 하다.

> "그런즉 너희는 먼저 그의 나라와 의를 구하라 그리하면 이 모든 것을 너희에게 더하시리라(마태복음 6:33)."

결론적으로 큰 간증거리가 없게 해 주신 하나님께 감사드린다. 그러나 보이지 않게 항상 동행하시고 도우시며 지켜 주신 임마누엘의 하나님께서 베풀어 주신 일상의 잔잔한 은혜에 더욱 감사드린다. 돌이켜 보면 주님께서 나의 모든 길을 예비하셨고 평탄하게 하셨다. 늘 푸른 초장과 쉴 만한 물가를 예비하시고 마음의 평강과 기쁨을 주시는 하나님께 감사드린다. 신실하게 믿음을 지키며 자신들의 꿈과 비전을 이루어 가고 있는 두 딸과 함께 가정천국을 이루고 살아가게 해 주심에도 감사드린다. 하나님께서 한 대 때려 주려고 보면 맞을 짓도 별로 안 했고, 그렇다고 믿음생활 잘한다고 칭찬받을 것도 없는 어찌 보면 약삭빠른 자녀의 모습으로 살아온 것 같다. 학교생활에 비유하자면 특별히 공부를 잘하는 것도 아니고 그렇다고 맞을 짓을 하는 것도 아닌 평범한 학생의 모습이랄까? 적당히 믿음생활을 해 왔는데도 하나님께서는 너무 큰 은혜와 복을 주셨다. 미리 감사해야 하는데 늘 지나고 나서야 은혜인 줄 깨닫는 둔한 자녀였다. 이제 주님을 위해 일할 수 있는 날도 얼마 남지 않았는데 남은 생애 동안 맡겨진 사명 잘 감당하며 주님의 기대에 부응하는 충성된 삶을 살겠다는 각오를 새롭게 해 본다.

내가 만난 예수님

동성식 (불어불문학과 교수, 인문대 학장)

믿음의 씨앗; 여동생

불문과에서 프랑스 문학을 가르치고 있는 나는 1956년 경남 진주에서 교육자 집안의 6남매의 장남으로 태어났다. 아버지는 유교적인 제사를 엄격히 지내셨고, 어머니는 독실한 불교 신자였다. 특히 어머니는 그 당시 무속에도 깊이 빠져 있어 연중 한두 번은 크게 굿을 하거나 집안의 대소행사를 무속인에게 반드시 물어보고 결정할 정도였다. 조상신을 깍듯이 섬기고, 우상숭배와 미신이 수십 년, 아니 수백 년 동안 우리 집안을 지배하고 있었다. 그런데 이런 우리 집안에 복음의 씨가 뿌려졌다. 바로 나의 6살 아래 여동생이 친구 따라 집 근처의 교회 주일학교에 다니기 시작했는데 고등학교 때 예수님을 영접했던 것이다. 이때부터 우리 집안은 치열한 영적 전쟁터가 되었다. 어머니와 여동생은 종교 문제로 사사건건 부딪쳤고, 한 집안의 두 종교로 무슨 화가 닥칠까 두려워하시는 어머니의 핍박에 동생은 자주 울곤 했다. 나는 양쪽을 말리고 설득하는 중재자의 역할을 하기에 바빴다.

믿음을 향한 노력

어머니의 종교적 열심, 여동생의 결사적인 신앙심 그리고 집안의 이모님과 친척 누나의 접신 현상까지 목격하면서 대학 진학 후에는 자연스럽게 영적 세계에 대한 관심이 증폭되었다. 나는 깊이 생각한 끝에, '영적 세계가 없다'라고 단언할 수는 없었다. 그러나 그 실체를 확실히 파악할 수 없었기에, 시간이 날 때마다 심령과학, 샤머니즘과 영매, 노장사상, 불경, 인도철학과 초월명상에 관련된 서적들을 훑어보았는데, 성경도 그 속에 당연히 포함되었지만, 기대와 달리 별로 재미가 없어서 대충대충 읽은 수박겉핥기 식 독서였다. 대학원에 다닐 때는 본격적으로 성경을 공부하기도 했다. 지금은 서울 신반포교회 담임목사님이 된 불문과 친구의 인도로 불어성경의 일부를 발췌하여 몇 달 동안 같이 정독하며 토론했지만 믿을 수 없었다. 믿고 싶은데 믿어지지 않았다. 태초에 하나님이 천지를 창조했다는 성경의 첫 문장만 믿어지면 성경 전체를 다 믿을 수 있겠는데 이성적으로 믿어지지 않는 숱한 기적을 도저히 있는 그대로 받아들일 수 없었다. 요컨대 신앙의 문을 여는 열쇠는 하나님의 존재에 대한 믿음임을 깨달았지만, 아직은 믿을 수 없다 하니 그 친구는 무척 아쉬워하며 때가 되면 믿게 될 것이라고, 기도하겠다고 했다. 나는 이 문제를 먼 후일의 숙제로 미루고 분주한 일상으로 돌아갔다.

믿음의 씨름, 그 끝에서

8년이 지나 33살이 되던 1988년, 새해 벽두에 나는 불현듯 예수님을 떠올렸다. '그분은 이 나이에 구세주의 큰일을 이루고 돌아가셨다는데, 난 이 나이에 이르러 무엇을 이루었나? 이 의미 있는 나이에 나도 뭔가 가치 있게 한 해를 보내야 하지 않겠나…', 이런 생각과 다짐이었는데, 지금 생각해 보니 하나님이 나에게 주신 사인이었던 것 같다. 33살에 조교수로 승진하고 여름방학에 미국에 갈 기회가 주어졌다. 태평양 상공에서 구름 위의 코발트색 창공을 처음 봤는데 감탄사가 절로 나왔다. 갑자기 창세기의 '궁창'이란 단어가 생각났다. 비행 내내 하나님의 존재유무에 대한 생각이 뇌리를 떠나지 않았다. 무사히 귀국한 후, 어느 날 치통이 생겨 우연찮게 부산대학교 치과대학 교수로 있는 아내의 선배에게 치료를 받았는데, 차를 같이 나누면서 갑자기 그 교수가 우리를 전도하기 시작했다. 여러 번 들었던 아내는 덤덤했지만, 나는 적잖이 충격을 받았다. 주로 예수님의 재림에 대한 내용이었는데, 나의 충격은 전도의 황당한 내용 때문이라기보다 그 교수의 태도 때문이었다. 너무나 진지하고 확신에 찬 태도로 예수 그리스도에 대해, 그리고 다시 오심의 임박함에 대해 열변을 토하는 것이었다. 마치 말씀의 폭포 아래에서 물벼락을 맞는 것 같았다.

과연 그런가? 내 눈으로 직접 확인하고 싶었다. 그 교수가 추천한 재림에 관한 몇 권의 책과 신앙서적을 구입해 읽으면서 성경을 본격적으로 꼼꼼하게 읽기 시작했다. 그리고 곧 성경에 무섭게 빨려 들어갔다. 마치 고시공부를 하듯 여름방학 내내 씨름했다. 그중 이화여자대학교 강윤호 교수가 쓴 『성경은 사실이다』라는 책은 나의 숱한 의문과 남은 궁금증을 거의 다 해소시켜 주었다. 예언과 예언의 성취, 노아의 대홍

수 사건의 고고학적·역사적 증거, 이스라엘 민족사를 통해 증명된 성경의 사실성 등등…. 요컨대 성경은 설화가 아니고, 신화도 아니며, 특정 종교의 교리서나 단순한 경전이 아니라, 실제 있었던 사건과 사실과 앞으로 있을 사건을 구체적으로 기록해 놓은 놀라운 책이었다. 또한 성경에는 나의 오랜 숙제였던 영적 세계와 사후 세계에 대한 실체도 명쾌하게 설명되어 있었다. 8년 전에 믿고 싶어도 믿어지지 않았던 것이 이젠 믿기 싫어도 믿어졌다! 성경이 사실이라면, 하나님은 정말 살아 계신 것임을 인정하지 않을 수 없었다.

믿음, 은혜의 순간

더 이상 망설일 수 없었다. 마침내 9월 7일 새벽 5시에 나는 혼자 일어나 빈방에서 무릎 꿇고, 정말 두렵고 떨리는 마음으로 하나님의 이름을 난생 처음 불러보았다. 정말 감격적인 첫 만남이었다. 하나님이 실제로 계신다는 사실이 정말 다행스럽고 감사했다. 수영로교회에서 열심히 신앙생활을 하고 있었던 치대 교수의 권유로 난생 처음 간 교회에서 어색함을 느끼며 더듬더듬 찬송가를 따라 부르는 중에 까닭 없는 눈물이 수돗물처럼 쏟아져 무척 당혹했지만, 고향집에 돌아온 듯 편안하고 푸근했다. 이때부터 나의 삶은 완전히 새로운 삶으로 변하게 되었다. 목사님의 설교가 그렇게 달고 맛있을 수가 없었고, 하나님과 관련된 것이라면 어떤 것이든 그렇게 좋을 수가 없었다. 주님과의 황홀한 첫사랑이었다. 창원까지 힘든 출퇴근길도 찬양과 설교 말씀으로 충만한 움직이는 부흥회가 되었다. 학교에서나 집에서나 친구들 모임에서

나 그 어디서나 입만 열면 내가 만난 예수님을 전하지 않을 수 없었다. 벅찬 기쁨과 감사로 생활하던 중에 나를 3년이나 무던히 괴롭혔던 위장병도 깨끗이 고침을 받았다. 내가 간구하지도 않았는데, 어느 날 보니 약을 먹지 않아도 아프지 않다는 것을 발견하고 고쳐 주신 주님을 찬양하며 두툼한 약봉지를 쓰레기통에 버렸다. 여동생에게 나의 거듭남의 소식을 전하니, 동생은 한동안 말을 잊은 채 멍하니 있더니 "주님, 감사합니다" 하며 눈물을 흘렸다. 나의 회심은 우연이 아니라 바로 우리 집안의 영적 아브라함인 여동생의 간절한 10년 중보기도의 응답이었다.

쉽지 않은 여정, 기쁨의 열매들

비몽사몽간에 어떤 어둠이 나를 덮더니 목을 조르는 사탄의 공격도 여러 번 있었다. 그때마다 온힘을 다해 가까스로 예수님을 불렀다. 그랬더니 그 무서운 시간이 순식간에 끝나는 생생한 체험을 했다. 가장 힘든 것은 주위의 가까운 사람들의 냉대와 핍박이었다. 부모님은 내가 예수님을 입으로 시인하자 너무나 실망하고 격노하시며 의절하자고까지 하셨고, 실제로 아버지는 그 후 몇 년 동안 나와 모든 대화를 끊는 바람에 몹시 고통스러웠고 눈물도 많이 흘렸다. 불교 집안인 처갓집에서도 난리가 났다. 사랑하는 아내도 갑자기 변한 나를 이해할 수 없어서 답답해하고 의견충돌도 잦아졌다. 남편이 잘못 빠지지 않았나 싶어 확인하기 위해 아내도 나를 따라 교회에 다니기 시작했지만 갈등은 점점 깊어져 결혼 5년 만에 파경의 위기를 맞게 되었다. 그럴수록 나는 결사적으로 주님께 매달렸다. "주 예수를 믿으면 너와 네 집이 구원을 얻는

다"는 약속의 말씀을 붙들고 40일 작정 새벽기도를 시작했다. 새벽기도를 한 지 한 달도 채 못 되어 어머니의 전화를 받았다. 아버지 몰래 교회에 가신다는 것이다! 당신 손으로 집안 구석구석에 있던 온갖 부적과 염주를 다 불사르고 아들 따라 믿기로, 아니 처녀적의 믿음을 회복하기로 작정했다는 것이다. 너무나 놀라운, 믿기지 않는 희소식이었다. 그해를 넘기기 전에 남동생과 누나, 다른 여동생들까지 6남매 모두 나와 어머니의 전도로 교회에 가기 시작했다. 그럴수록 아내는 요지부동인 것처럼 보였다. 나를 믿게 하신 하나님은 왜 아버지와 아내를 믿게 하지 않으시나 탄식했지만, 하나님은 내가 철저한 죄인임을 고백하고 진정으로 회개하기까지 아내의 구원을 지연시키셨음을 나중에 깨달았다. 89년 부활절 전날 심하게 다투고 아내가 어린 아들을 데리고 처가에 가버린 후, 나는 아내가 아니라 나한테 문제가 있다는 사실을 깨달았다. 나의 교만함과 무지함과 더러운 죄 때문에 주님이 십자가에 못 박히셨고, 바로 내가 아내의 구원을 막고 있는 걸림돌임을 깨닫고 몸부림치며 통곡하면서 회개하고 금식했다. 그리고 며칠 후, 우리 부부는 예수전도단이 주관하는 부부 세미나에 참석하게 되었고 그 자리에서 아내는 눈물을 흘리며 뜨겁게 주님을 영접했다. 그 후에는 나보다 더 열정적이고 신실한 그리스도인으로 아름답게 변하기 시작했다.

지금은 아버지와 관계도 거의 다 회복되었다. 제사 문제 때문에 교회에 대해 그렇게 적대적이었던 태도도 많이 부드러워지셨고, 작년부터는 기독교 식으로 추도예배를 드리게 되어 감사할 따름이다. 온 가족이 한마음으로 25년 이상을 중보기도하고 있으니 조만간 구원받으시리라 믿는다. 80평생 나무관세음보살을 입에 달고 다니시던 장모님은 2000년 돌아가시기 한 달 전에, 철저한 무신론자인 장인어른도 2001년 돌아가시기 불과 며칠 전에 극적으로 구원받으셨다. 우리 부부가 기도한 지 12-3년 만에 이루어진 기적 같은 기도응답이다. 내가 예수를 믿은 후, 창원대학교 교수선교회를 믿음의 형제들과 함께 만들어 20년 가까이 섬기고 있다. 매학기 교수, 직원, 학생들과 함께 개강 및 종강예배를 드리고 매주 모여 말씀을 공부하며 학원복음화를 위해 기도하고 있는데, 우리 대학에 입학한 믿는 학생들과 건전한 기독 단체들에게 큰 힘이 되고 대학 구성원들에게 복음을 전하는 선교센터의 역할을 감당하고 있다.

믿음, 불가능의 가능

그런데 마치 늦바람 난 듯한 성경공부와 신앙생활로 전공연구는 거의 뒷전이었고 88년 당시 한창 진행 중이었던 박사 논문도 모두 중단된 상태였다. 3년 후 프랑스에 연구 교수로 가면서 비로소 다시 학위 준비를 시작했는데 주님은 나에게 새로운 아이디어를 주셨다. 그것은 바로 전공과 성경을 학문적으로 통합하여 성경적인 시각으로 학문을 조망하는 것이었다. 그러나 그것은 결코 만만한 작업이 아니었다. 원래 했던 주제로 논문을 썼으면 3-4년이면 끝났을 것을 새로운 주제로 바꾸고 처음부터 다시 시작하니 무려 10년 이상 걸렸다. 논문을 쓰는 데 우여곡절이 많았지만 주님의 은혜로 잘 마칠 수 있었다. 이 박사 논문을 개작 출간한 저서, 『앙드레 지드, 소설 속에 성경을 숨기다』가 2009년 대

한민국 학술원에서 우수학술 저서로 뽑혀 매스컴을 타고 세간의 주목
과 축하를 받게 되어 얼마나 감사한지 모르겠다. 또한 '문학과 종교'라
는 강의를 통해, 문학과 성경의 상호관계를 체계적으로 분석하고 학생
들에게 복음의 핵심과 기독교 세계관을 가르치며, 최고위과정이나, 군
부대, 사관학교, 교도소 등에 특강하는 기쁨도 누리고 있다. 이사와 유
학을 반복하면서 본의 아니게 떠난 수영로교회를 주님께서 12년 만인
2005년에 다시 인도해 주셨고, 교회의 각종 훈련과정을 거쳐 현재 아내
와 함께 사랑방 목자와 안수집사로 봉사하고 있다. 그동안 만만찮은 어
려움과 힘든 시련도 없지 않았지만, 여기까지 주님께서 우리 삶을 선하
게 인도하신 것처럼 앞으로도 모든 것을 합력하여 선하게 인도하시리
라 믿는다.

예수님, 사랑합니다!

주님의 이끄심에 감사합니다

류경희 (가족복지학과 교수)

내면의 변화

나는 목사인 고모 덕분에 어려서부터 교회에 다녔지만 하나님이 계신다는 확신은 없었다. 다른 종교에 대해 배타적으로 말씀하시는 목사님의 설교에 반발심이 생기면서 대학교 시절에는 친구를 따라 성당에 나가 영세까지 받기도 했다. 그러나 참 하나님을 만나지 못했기에 성당에 나가는 것도 열심히 하지 못했고 결국 냉담한 시기를 보냈다.

내가 2001년 창원대학교로 내려오게 되었을 때 어머니는 난소암 판정을 받으셨다. 어렵고 힘든 투병생활 동안 목사이신 고모가 우리 가족을 다시 한 번 교회로 이끄셨고, 어머니가 하나님을 마음으로 받아들이게 되자 우리 가족 모두는 자연스럽게 같은 신앙을 가져야 한다는 생각으로 주일마다 교회에 나가게 되었다. 나는 아프신 어머니를 위해 교회에 나가기는 했지만 하나님에 대한 확신은 여전히 없었다. 하지만 그때는 하나님에 대한 확신을 간절히 갖고 싶다는 것이 그 이전과는 다른 나의 모습이었다.

믿음의 선물

결국 2003년에 어머니가 암으로 투병하다가 돌아가시게 되자 나는 외로움에 새벽기도를 다니게 되었다. 심리적으로 많이 힘든 시기에 나에게 큰 의지가 되어 준 분은 같은 학교의 식품영양학과 문혜경 교수님이시다. 하나님이 계신다는 확신이 들기를 간절히 원하지만 진정으로 마음에 확신이 안 든다는 이야기를 하자 문 교수님은 그 당시에 마음이 참으로 아팠다고 하셨다. 문 교수님과는 그 당시 같은 동네에 살면서 같은 교회를 섬기고 있었는데, 새벽기도를 다니는 나의 옆자리에 앉으셔서 나를 위해 진정어린 눈물의 중보기도를 해 주셨다. 새벽기도를 마치고 나의 집까지 함께 와 주신 문 교수님은 내가 하나님이 살아 계시다는 것을 알게 해 달라고 방언으로 부르짖으며 기도해 주셨고, 그날 밤 나는 하나님의 음성을 듣는 특별한 경험을 하게 되었다.

이후로는 배우자를 위한 구체적인 기도를 했는데 1년 만에 남편을 만나게 되었다. 남편은 어릴 적 외삼촌과 산에 오르면서 외삼촌이 즐겨 부르던 찬송가 "예수가 우리를 부르는 소리~"가 신앙의 첫걸음이었고 이후 미국에서 유학하는 중에 세례를 받았다. 같은 학교 물리학과 김봉수 교수님의 소개로 남편을 만나 늦깎이 결혼을 했고, 서머나 교회로 인도받아 현재까지 신앙생활을 하고 있다. 마음 안에 참 하나님을 만나게 해 주시고, 하나님의 가정을 꾸릴 수 있도록 인도해 주신 문혜경 교수님과 김봉수 교수님은 나에게, 또 우리 부부에게 특별한 인연으로 자리하고 있다.

은혜의 삶

하나님의 가정을 꾸리고 하나님의 자녀를 선물로 얻는 은혜 속에서, 나의 삶 가운데 느리게 그리고 천천히 인도하시는 하나님을 느끼면서 감사드린다. 다음은 목사님이 우리 가정에 심방 오셨을 때에 우리에게 주신 말씀이다.

"너희가 나를 택한 것이 아니요 내가 너희를 택하여 세웠나니 이는 너희로 가서 열매를 맺게 하고 또 너희 열매가 항상 있게 하여 내 이름으로 아버지께 무엇을 구하든지 다 받게 하려 함이라(요한복음 15:16)."

이 말씀에 우리 부부는 울림과 감동을 받았고, 일과 신앙을 조화롭게 할 수 있는 소명을 이루는 일에 고민하며 기도하고 있다.

하나님이 기대하고 기다리는 믿음의 가정이 되기 위해 앞으로도 하나님의 은혜를 사모하며 하나님의 말씀 안에서 살아갈 것이다.

우리가 이 보배를 질그릇에 가졌으니

문혜경 (식품영양학과 교수)

닫힌 마음

신입생의 부푼 맘으로 울산에서 서울로 올라와 캠퍼스에 첫발을 내딛던 날, 느닷없이 전화번호를 물어보며 CCC로 함께 갈 것을 줄기차게 강권하는 대학생을 길에서 만났다. 다짜고짜 하나님을 믿어야 하니 함께 가자고 했기에 무척 당황했고 무례한 인상을 받았다. 주변에서 크리스천을 만나본 적이 없던 나는, 향후 기독교 모임에는 절대로 가지 않겠다는 철칙을 만들었다.

식품공학과를 졸업하고 단순한 취직보다는 학생을 가르치고 연구하는 대학 교수가 되고 싶다는 희망을 품게 되었다. 전과하여 식품영양학과 대학원으로 진학하면서, 지금은 강릉대학교 교수가 된 장미라 선배를 동기로 만났다. 곧 친해져서 마음을 터놓는 사이가 됐는데 그때부터 선배가 교회에 꼭 같이 가자고 조르기 시작했다. 하지만 나는 흥미가 없어 이 핑계 저 핑계를 댔다. 석사 졸업을 앞두고 마지막 소원이라는 요청을 뿌리칠 수 없어 선배의 집에 가서 극진한 대접을 받고 크리스마스 예배에 처음으로 참석했다. 하지만 별다른 감흥은 없었다. 예배가 끝난 후 선배는 대학원 진학 전에 하나님께 한 자신의 서약을 말해 주었다. 대학원 동기생 중 한 명을 꼭 하나님께 인도하겠다고 약속했다는 것이다. 그동안 인간적으로 친하다고 생각했는데 이런 불순한 의도(?)가 있어 잘해 주었다는 생각이 들어 선배를 멀리하게 되었다.

그리스도와의 만남; 닫힌 마음을 열다

장 선배는 졸업을 한 후 곧 결혼을 하고, 박사과정에 진학하면서 잘 나가기 시작했다. 반면, 나는 대학교수직을 정말로 원하는지 고민하게 됐고, 결혼을 먼저 하라는 아버지의 말씀에 따라 선을 보며 시간을 무의미하게 흘려보냈다. 결국은 박사학위를 취득하고 교수가 되기로 마음을 먹었지만, 내 개인의 영달을 위한 결정에 지나지 않았다. 박사 입학시험 준비에 몰두하고 있는데 대학원 축소 정책으로 몇 명이 응시하든 식품영양학과 박사 정원은 1명이라고 발표가 났다. 박사 등 고학력자가 넘치는 것을 막기 위해서라고 했다. 박사 시험을 일주일 앞두고 스트레스로 몸과 마음에 이상 증세가 나타나기 시작했다. 어지럽고 글을 읽을 수 없는 상태가 된 것이다. 시험을 포기하고 병원에 있는데 우울증이 오는 것 같았다. 이후 남들이 보기에는 멀쩡해도 내가 느끼는 몸과 마음의 증상은 호전되지 않았다. 살고 싶은 생각과 죽고 싶은 생각이 교차되는 내 인생 최악의 시기에 나는 장 선배가 생각났다. 그 선배가 입버릇처럼 말하던 주님이 계시다면 그분만이 내 문제를 해결해 줄 수 있을 것 같다는 막연함에 전화를 들었다. 선배는 나를 자기가 다니는 교회의 한 기도 모임에 데려갔는데, 또래의 직장인들이 20여 명 정도 모여 주중 예배를 드리고 있었다. 목사님의 설교가 끝난 후 선배가 내 소개를 하고 성령체험을 원하니 기도를 부탁한다고 했다. 목사님께서 내게 성경구절을 읽어 주셨다. 사도행전 2장 2-4절이었다.

"홀연히 하늘로부터 급하고 강한 바람 같은 소리가 있어 그들이 앉은 온 집에 가득하며, 마치 불의 혀처럼 갈라지는 것들이 그들에게 보여 각 사람 위에 하나씩 임하여 있더니, 그들이 다 성령의 충만함을 받고 성령이 말하게 하심을 따라 다른 언어들로 말하기를 시작하니라(사도행전 2:2-4)."

나를 둘러싼 모두가 기도하기 시작하자 내 입에서는 방언이 터져 나왔고, 온 얼굴은 눈물로 범벅이 되었다. 주님을 처음 만나는 은혜로운 감격의 순간을 경험했다. 뚜껑과 주둥이에 재갈이 채워진 채 끓고 있던 물주전자가 어느 순간 내부에 발생한 증기로 폭발하여 재갈이 열리듯이 내 속에 잠재한, 나도 몰랐던 주님을 향한 열망이 터져 나온 것이었다.

성령을 체험한 내게, 몸과 마음의 이상이나 진학은 차후의 문제였다. 자발적으로 열심히 교회에 출석했다. 주중에는 수요예배와 새벽기도에 나갔고, 성경을 필사하며 큐티도 거르지 않았다. 행복한 시간이었다. 몸과 마음은 어느 새 치유되었고, 앞이 보이지 않는 미래와 마주하면서도 주님이 주신 인생이 즐거웠으며, 식품영양학 대신 신학을 전공하면 어떨까를 생각하기도 했다. 주님이 예비하신 배우자를 위한 기도도 쉬지 않았다.

첫사랑의 은혜

대학원 입시 한 달 전에 지도 교수님에게서 박사 입학시험을 보라는 연락이 왔다. 나는 내 진로를 주님께 맡기겠다고 기도했다. 원하시면 다른 진로도 찾아보겠다고 했는데 내가 좋아하는 일, 잘하는 일을 하기 원하신다는 응답이 왔다. 주님께 합격시켜 달라고 기도했다. 박사과정을 졸업하고 교수가 된다면 학생들을 위한 선교에 동참하겠다고 기도했다. 한 달도 남지 않은 상황에서 예전의 노트를 보는데 무모하게 느껴졌다. "다음에 보면 되잖아!" 하지만 주님께서는 내가 이번에 꼭 진학하기를 원하시는 것 같았다.

시험 당일 새벽, 꿈속에 시험지가 보였다. 다른 문제는 알아보기 힘든데 맨 아랫줄에 있던 마지막 문제가 선명히 읽혔다. 놀라서 꿈을 깨고 보니 전혀 공부하지 않은 분야의 문제였다. 난이도가 낮아 박사 시험에는 출제되지 않을 것이라 예상되어 건너뛰었는데, 다행히 석사과정 중에 정답을 잘 정리해 둔 노트가 생각났다. 그것을 찾아 시험장을 향해 가고 있는 버스 안에서 공부했다. 전공 시험지를 받아든 나는 감격할 수밖에 없었다. 바로 그 문제가 시험지 제일 하단에 있었기 때문이다. 감격의 눈물과 함께 시험을 보면서 이미 합격한 것 같은 기쁨을 혼자 만끽했다.

그러나 나중에 걸려온 친구의 전화는 시험 채점 결과가 좋지 않아 교수님께서 걱정하신다는 내용이었다. 채점을 한 결과 1,2등 안에 들지 못해 불합격할 것 같다는 염려의 말씀을 전해 듣고 내게 전화한 것이다. 이상하게도 전혀 억울하지 않았고 감사한 마음만 들었다. 며칠 후 합격자 발표가 났는데 미달된 다른 학과들이 많아 나를 포함해서 총 4명이 합격했다. 박사 입학자가 이렇게 많았던 적을 한 번도 보지 못했기에 정말 신기했다. 만약 내가 인간적 생각으로 시험을 포기했다면? 인간의 미래는 주님께서 주관하심을 깨달았다. 박사과정에 진학하면서 신앙의 원칙을 세웠다. 주일예배가 가장 중요하며, 시험이나 연구과제 보고서가 아무리 밀려 있더라도 주일은 꼭 성수하겠다는 것이었다. 하나님을 만난 지 만 1년 된 시점에 드린 첫사랑의 약속이었다.

내 인생의 성공 비밀

박사과정에 진학한 나는 같은 교회에 다니던 남편을 만나 주님 안에서 한 가정을 이루었다. 곧 아들 정훈이가 태어났고, 박사학위를 취득한 후에는 딸 유진이를 낳았다. 주님께서 주신 배우자와 자녀임을 알기에 서로의 부족한 부분을 보아도 서로 감싸 주며 행복하게 지냈다. 하지만 항상 주님께 드렸던 서원이 생각났다. 내가 대학 교수가 되면 학생들에게 선교하는 교수가 되겠다는….

지금은 더하다고 하지만 그때도 대학 교수로 임용되기란 쉽지 않았다. 하지만 항상 주님께서 내게 가장 적합한 시기에 가장 좋은 대학으로 인도하실 것이라는 생각으로 기도했다. 감사하게도 박사 졸업 직후 한국과학재단에서 정규직에 취업하지 못한 이공계 박사들이 전공분야를 이탈하지 않도록 인턴연구원지원사업이라는 것을 만들어 처음 시행

했는데 나는 첫 수혜자가 되었다. 이후 식품의약품안전청의 출연연구기관인 한국보건산업진흥원에서 두 번째 인턴연구원 지원을 받아 근무했다. 인턴연구원지원사업은 한 사람에게 평생 한 번의 기회만을 주는 것이 원칙이다. 그러나 한국보건산업진흥원에서 내가 맡은 연구가 중요하다고 써 준 추천서를 한국과학재단에 제출하자 전례 없이 예외로 인정되었다. 남들은 내가 운이 좋다고 했지만 나는 주님이 주신 기회임을 알았다. 하지만 정규직도 아니었고 선교도 할 수 없어 대학으로 보내 주시기를 기도했다. 5개월 정도 근무했을 때, 창원대학교에서 내 전공의 교수 공채 소식이 들려왔다. 임용신청서를 낸 후 남편과 나는 삼각산 할렐루야 기도원으로 갔다. 11월의 추위가 시작됐지만 우리는 난방도 되지 않은 기도실에서 임용을 위해 기도했다.

많은 우여곡절이 있었다고 들었다. 나는 3명의 최종 후보자들 중 3순위였다. 큰 이변이 없는 이상 1순위 후보자가 총장 면접을 하고 임용될 것이라고 아는 선배 한 분이 전화해 주셨다. 최초로 지원한 교수 임용신청인데 교수가 그렇게 쉽게 되지 않는다고 다음을 기다리라고 위로하셨다. 하지만 난 포기가 되지 않아 계속 기도했다. 한 달 정도 시간이 흐른 뒤 다시 선배에게서 연락이 왔다. 1순위자를 총장이 탈락시켰다고 내게 준비하라 했다. 2, 3순위자를 동시에 면접볼 것이라는 연락이 갈 거라며….

연락을 받고 내려간 창원대학교 캠퍼스는 내 마음에 꼭 들었다. 넓은 교정과 높은 산, 맑은 공기 등 서울과는 사뭇 다른 환경이 꼭 리조트에 와 있는 것 같았다. 총장 면접을 기다리는데 다른 후보자가 보이지 않왔다. 그 후보자는 미국에 출장 중이라 오지 못했던 것이다. 주님의 미소가 느껴졌다. 나중에 알고 보니 총장님은 까다로운 성품의 분이셨는데 면접에서 굉장한 호의를 보여 주셨고 헤어지는 자리에서 교무처장실로 가서 인사하라고 안내해 주셨다. 교무처장님은 내게 앞으로 잘 부탁한다고 악수를 청하셨다. 그때 '내가 임용되는구나!' 하고 바로 느낄 수 있었다.

내가 체험한 주님에 관한 중요한 성공비밀은 항상 가장 좋은 것을 주고자 하실 때 주님은 그것이 내 힘으로는 절대 이루지 못하는 것임을 알게 하신다는 것이다. 그래서 나는 박사입학 시험이나 교수임용이 내 힘으로 된 것이 아님을 잘 알고 있다. 4등 아니면 3순위. 하지만 등수가 문제가 아니라 주님이 주시기만 하면 된다는 것을 알기에 오늘도 나는 학생 선교에 시간을 할애하기를 원한다.

중국유학생 선교 비전

간증문을 쓰는 도중에 나를 방해(?)한 허신은 작년 여름부터 내가 공들인 중국유학생 제자다. 허신을 비롯한 나의 중국유학생 제자들을 선교하기로 마음 먹고 나는 올해 중국인 예배가 있는 창원세광교회로 터전을 옮겼다. 이것은 부산대학교에서 중국유학생선교를 담당하시는 교수님들을 만난 후 창원대학교에도 300여 명의 중국유학생들이 있다는 사실을 알고 나서부터다. 꾸준한 이슬비 전도에도 꿈적하지 않던 학생들 중 처음으로 허신과 요백명이 졸업을 앞두고 교회로 연결되었다. 지난 여름방학 동안 진행된 중국인 성도 수련회에 참석하여 처음 예수님을 믿기 시작한 허신은 중국에 있는 가족들이 교회를 다녔다. 요백명은 최근 중국인 예배에서 앞에 나가 찬양을 인도하고 있다. 정말 하나님의 예비하심이라고 느껴진다. 하나님을 만날 수 있도록 나를 위해 기도한 선배처럼 나 역시 누군가를 인도해 열매를 맺을 수 있어 얼마나 행복한 지 모른다. 또한 중국에 나가지 않고도 중국인 유학생을 대상으로 선교할 수 있는 기회를 주신 주님께도 정말 감사드린다.

"우리가 이 보배를 질그릇에 가졌으니 이는 심히 큰 능력은 하나님께 있고 우리에게 있지 아니함을 알게 하려 함이라(고린도후서 4:7)."

예수를 믿는 것이 가장 쉽다?

박승규 (전기공학과 교수)

도(道)를 닦던 시절

대학시절 검도를 하면서 도(道)에 대한 관심이 많았고 축지법뿐만 아니라 날아다니는 것에 대한 가능성을 두고 나의 능력을 최대한으로 끌어 내기 위한 호흡 수련에 정진하기도 했었다. 전기(電氣)공학과를 기(氣)와 연관시켰고, 마인드컨트롤의 연장선상에서 제어공학전공을 선택했을 정도였다. 오로지 검도와 도만 추구하던 시절이었다.

개념 없던 10년 교회생활

대학원 시절부터 할머니의 성경책 펴시는 것을 도와드리러 교회를 다니기 시작했고, 창원에 내려 와서도 자연스럽게 교회를 다녔다. 고등부 교사, 성가대원으로 활동도 했지만 복음에 대한 개념은 고사하고 복음이란 단어를 들어본 기억이 전혀 없다. 지금도 생각나는 것은 학생들과 여름 수련회를 갔을 때 바위 뒤에 숨어 있던 어린아이를 예수님이 찾고 계시는 한 컷의 그림이 있었는데 무엇을 의미하는지 전혀 감을 잡을 수 없었다는 사실이다. 예수님이 길 잃은 우리를 구원하시기 위해

찾으신다는 은혜의 의미를 전혀 이해할 수 없었던 시기였다.

그러다가 스코틀랜드 글라스고우(Glasgow)에서 연구년을 보내게 되었고, 작은 한인 교회 성도들과 함께하면서 깨달았던 것은 그때까지 교회에서 진정한 교제가 부족했다는 사실이었다. 기존의 교회생활을 탈피하기 위해 귀국하면서 교회를 옮겼고 그러면서 신앙생활의 환경이 많이 바뀌었다.

로마서 8장을 듣다

교회를 옮겼을 때의 마주한 설교내용이 로마서 8장과 고린도후서 5장이었다.

"그러므로 이제 그리스도 예수 안에 있는 자에게는 결코 정죄함이 없나니, 이는 그리스도 예수 안에 있는 생명의 성령의 법이 죄와 사망의 법에서 너를 해방하였음이라(로마서 8:1-2)."

"그런즉 누구든지 그리스도 안에 있으면 새로운 피조물이라 이전 것은 지나갔으니 보라 새 것이 되었도다(고린도후서 5:17)."

나는 이때부터 설교시간에 더 이상 졸지 않게 되었고 말씀이 명확하게 이해가 되면서 절실하게 느껴졌다. 제자반에서 워치만 니의 책을 읽을 기회가 있었는데 이를 통해 내가 이미 믿음 안에 들어와 있다는 사실을 깨닫게 되었다. 이미 믿음의 방 안에 들어와 있으면서 믿음을 달라고 요구하고 있었다는 사실을 알게 되었고, 그때부터 당당히 예수님을 믿는다고 대답할 수 있게 되었다. 교회를 다닌 지 10년 만의 일이다.

제자반을 하면서 QT가 무엇인지도 알게 되었다. 하루하루 주어진 말씀으로 "하나님은 누구신가?", "나에게 주는 교훈은 무엇인가?"라는 이 두 가지 질문에 점차적으로 말씀을 가지고 나의 언어로 답할 수 있게 되었다. 깊게 생각하는 법을 그때부터 알게 되었다는 생각이 든다.

예수를 믿는 것이 가장 쉽다?

도에 대한 열정은 폐결핵을 계기로 시들해졌다. 도에 대한 기억은 안 되는 것을 억지로 되게 하려는 힘든 과정뿐이었다. 그에 비해 노력의 대가가 아닌 은혜로 깨닫기만 하면 되는 그리스도의 道는 가장 쉬운 길이라는 생각을 했었다. 그 이후로 담임목사님의 설교말씀이 십자가를 지는 것, 나 자신을 죽이는 방향으로 감에 따라 '벌레만도 못한'이라 표현되는 나를 인정하게 되었고, 나의 존재를 깨닫는 시간이 되었다.

지난날들을 생각하면, 내 머리로 도저히 벌어질 상황이 아닌데 계획한 것처럼 맞아 떨어지는 듯한 일련의 사건들이 있다. 창원에 와서 지금의 가정을 꾸리게 된 과정과 제어공학에서 시작해 로봇 프로젝트, 해외 파견을 통해 휴머노이드 연구를 하게 된 과정 등을 되새겨 보면 그냥 인연이라고 넘겨 버릴 수도 있고 우연이라고 생각할 수도 있지만, 내가 전혀 생각지 못했던 타이밍과 명확히 드러나는 연관성으로부터

나 자신의 노력이 아닌 하나님의 은혜를 인정하게 되는 사실에 감사를 드린다.

　스코틀랜드에서 한 목사님 부부가 기도로 구하던 동역자가 바로 우리 부부였다는 첫 번째 연구년(나는 믿음이 없다고 생각했던 시기), 미국에서 기러기 가정들과 목장모임을 가졌던 두 번째 연구년, 두 번째 연구년(위스콘신) 때 학생으로 만났던 자매에 의해 미국 교회로 인도되었던 세 번째 연구년(텍사스)까지 연속적인 우연의 사건들 속에서 하나님의 인도를 보지 못한다면 너무나도 둔한 자가 아닐까 싶다.

하나님께서 붙들고 계신 사랑의 줄

박진아 (의류학과 교수)

"이르되 주 예수를 믿으라 그리하면 너와 네 집이 구원을 받으리라 하고
(사도행전 16:31)."

사도행전 16장 31절의 말씀대로 그리스도를 영접하여 구원을 얻는
과정은 개인과 그 개인이 속한 온 집이 함께 구원받는 과정이므로 가정
의 신앙 간증으로 기술한다.

예수 그리스도를 믿기 전

나의 어머니는 믿는 집안에서 신앙생활을 했지만 하나님에 대해서
막연하게 알고 있었을 뿐 확실한 구원관이나 믿음은 갖지 못하고 세상
가치관에 사로잡혀 불신 집안의 믿음 없는 아버지와 결혼했다. 어머니
는 결혼 이후부터 하나님을 떠난 거친 광야생활이 시작되어 하나님에
대해 전혀 알지 못하는 우상숭배, 자신만을 생각하는 세상문화에 속한
시집살이로 고생했다. 아버지는 사회적으로 승진하고 경제적으로도 풍
요로운 생활을 누렸지만 그 모든 성취를 스스로의 힘으로 이루었다는

자만에 빠져 있었다. 그러던 중 40대 중반, 생명이 위험할 정도의 큰 교통사고를 당했다.

이때 어머니는 결혼 후 처음으로 하나님께 우리 가족을 불쌍히 여기시고 아버지를 살려 달라는 기도를 했다. 신실하신 우리 하나님은 그 기도에 즉각 응답하시고 적절한 도움의 손길(크리스천 뇌신경 전문의인 아버지의 선배가 기도 중에 후배인 아버지를 기억나게 하셔서 직접 연락을 취하고 찾아오도록 하심)을 보내 주셔서 기적이라고 볼 수밖에 없게 아버지를 완치시켜 주셨다. 하지만 그러한 하나님의 은혜를 기억하지 않고 우리 가족은 또다시 세상일에 몰입하며 살았다.

언니, 남동생 그리고 나는 초·중학교까지 집 근처의 교회에서 주일학교를 다니면서 복음을 듣고 말씀을 배웠지만 학년이 높아지면서 교회와 멀어져 갔고 가족 간에도 서로 갈등이 쌓여 갔다. 그러나 세상 사람들은 모두 이렇게 사는 것이라 생각했고 우리 가족은 문제를 전혀 인식하지 못하고 살았다. 세상의 가치를 좇아 살면서도 종교는 기독교라고 굳게 붙들고 살았던 부끄러운 모습이었다.

예수 그리스도를 믿게 된 과정

대학교에 입학한 이후 전공 분야에서 계속 공부하여 박사학위를 받고 경력을 쌓아 2003년 경기도에 있는 한 사립대학교의 초빙교수가 되었다. 그런데 첫해에 지도하게 된 4학년 학생들에 대해 높은 기대가 충족되지 않아 실망하고, 학생들은 무리한 프로젝트 진행으로 힘들어하면서 서로 화목하지 못하고 갈등하게 되었다. 그 힘든 시간에 나는 내

안에 사랑하는 능력이 전혀 없다는 것과 상대적 가치가 난무하는 사회 분위기 속에서 학생들에게 힘들어도 따라야 할 옳은 가치를 제시해 줄 것이 아무것도 없다는 것을 발견했다. 그러면서 이런 부적합한 상태로 교수를 하려고 모든 것을 다 투자했다는 사실에 낭패감이 들었고 심적 파산을 경험하게 되었다. 그래서 사랑을 배우는 시도를 마지막으로 해 보고 그래도 변화가 없으면 직업을 바꾸기로 결심했다.

사랑을 배우려고 하니 여러 종교 중에서도 사람을 사랑하되 죽기까지 사랑하신 십자가의 사랑이 그 답이라는, 성령님의 인도가 아니고는 할 수 없는 생각이 들었고 하나님께서는 제자훈련으로 명성이 높았던 교회로 나를 인도해 주셨다. 2004년 5월 그 교회에 등록하면서 규칙적인 교회생활을 시작했다. 성령님의 소통하심이 있는 뜨거운 예배의 감동을 맛보았고, 헌금으로 섬기는 기쁨과 특권을 세심히 배웠으며, 새벽기도회의 열정에서 찬양과 기도가 살아나는 것을 경험했다. 또한 소규모 셀 모임에서 은혜를 받으며 교회의 양육을 통해 하나님의 놀라운 구원사역과 하나님의 아들 예수님이 나의 죄를 위해 대신 피 흘려 주심과 나의 구주되심을 알고 믿게 되었다.

예수님을 만나기 전까지 지나온, 사막처럼 건조한 시간이 사실은 걸음걸음마다 하나님께서 지켜 주시고 보호해 주신 것이었음을, 예수님께서는 그 옆에서 팔 벌려 나를 기다리고 계셨음을 뒤늦게야 깨닫고 나의 죄를 통회자복하면서 영적으로 거듭나게 되었다.

신앙고백

세상에서 고아와 같이 영적으로 누추한 죄악의 자녀로 살아오다가 만난 하나님은 온 우주의 주인이시며, 나를 지으시고 부르시고 함께하시는 부요하시고 선하시고 거룩하신 나의 아버지이다. 생명이 끊어져 죽어 가고 있던 나의 영혼을 붙드시고 죄를 대속하시며 다시 살아나게 해 주신 예수님은 나의 생명이고 나의 참 구원자이시며 아버지 하나님께 이르도록 내가 따라야 할 길이다. 주님의 몸인 교회로 인도하시고 가르치시며, 같은 실수를 계속 반복하는 나를 보면서도 오래 참으시고 계속 안아 주시면서 인도하시는 나의 성령 하나님을 사랑한다. 하나님의 자녀가 되어 그것을 자랑하는 나는 온 우주에서 가장 복된 자이다.

예수님을 믿은 후의 변화

배우고자 했던 순도 100퍼센트의 사랑이신 주님을 만나 그 사랑을 받고 변화되면서 학생들을 이해하고 주님의 사랑으로 사랑할 수 있게 되었다. 나의 변화에 불꽃이 점화되는 듯 학생들도 변화되어 진로를 찾아가는 것을 보는 은혜를 누렸다. 영적 고아로 헐벗었던 내가 하나님의 자녀가 되어 회복되면서 주변의 하나님을 모르던 영혼들을 하나님께 인도하는 일에 참여하는 복을 누렸다. 우상이었던 교수를 하나님께서 주신 소명으로 회복시켜 주시고 줄로 재어 주신 아름다운 창원대학교에서 주님만 의지하면서 믿음을 받아 키우는 복을 받았다.

혼자 세상을 헤쳐 나가는 듯이 팍팍한 삶을 사셨던 어머니는 아버지의 정년퇴직 이후 하나님을 다시 만나 나와 같은 교회에서 함께 신앙생활을 하시게 되었고 독단적인 성향의 아버지는 하나님의 빚어 가시는 손길 안에서 예수님에 대한 믿음을 얻는 은혜를 얻었다. 하나님을 모르던 남동생도 가족의 기도와 10년을 복음 전하며 섬겨 준 동생의 회사 선배의 기도, 나의 소규모 셀 모임 지체들이 함께 올리는 간구를 들으시고 주께서 2011년 9월 은혜의 문을 열어 주심으로 예수님을 주님으로 영접하게 해 주셨다.

하나님께서 약속으로 주신 말씀(사도행전 16:31)은 반드시 이루어 주신다는 믿음을 얻게 해 주시니 신실하신 주님을 찬양한다. 할렐루야!

앞으로의 결심과 비전

주님의 자녀로서의 정체성을 회복하면서 '거룩'이라는 것이 경건의 모양만이 아니라 하나님 뜻에 따라 순종하면서 하나님 중심으로 사는 것임을 알게 되었다. 신앙생활을 하면서 말씀에 따라서만 살리라 결심했는데 복잡한 인간관계와 일들 속에서 주님의 뜻을 분별하는 지혜와 그 뜻에 순종하는 힘을 갖추는 것이 얼마나 어려운 것인지 절감하게 되었다.

하지만 지금 바로 이 순간, 주님이 개입하시고 다스리시는 은혜의 시간을 소원하니 나의 사랑하는 예수님을 따라가면서 닮아 보겠다는 결심을 다시금 갖게 해 주신다. 나는 하나님의 소원을 마음에 품고 하나님께서 계획하시는 일에 동참하여, 선한 목자 되신 예수님을 닮아 가는 제자가 되고 생명의 복음을 전하는 일에 참여하는 꿈을 꾸고 있다.

창세전에 나를 아시고 택하시고 나의 죄를 구속하여 생명을 주신 우리 주 예수그리스도를 고대하며 이 믿음의 길을 찬양하며 주님만 따라갈 것이다.

마라나타, 주 예수여 속히 오시옵소서.

신실하신 하나님

신동수 (화학과 교수)

처음

나는 결혼한 후에, 교회에 먼저 출석하게 된 아내로부터 교회에 함께 가자는 권유를 받았다. 그러나 그 당시만 해도 바쁜 학교생활로 시간적 여유가 없었고, 내가 교회에 나간다는 것 자체가 사치라고 생각했다. 보통 아침 8시에 출근해서 하루 종일 실험하고 저녁 11시가 넘어서야 집으로 돌아오는 생활이 계속되었기에 일 그 자체가 나의 삶의 전부였다.

얼마 후에, 나는 아내의 손에 이끌려 교회에 출석하게 되었다. 하지만 33년 동안 하나님을 알지 못하고 세상과 벗하여 살았기에, 나를 부르신 그 하나님을 구체적으로 알아 가기까지는 많은 시간이 필요했다.

"과연 하나님은 계시는가?", "정말 하나님께서 온 우주와 만물들을 창조하셨는가?", "성경에 기록된 내용들이 사실인가?", "예수님과 나는 어떠한 관계인가?" 하는 의문들이 끊이지 않았다.

영혼의 응급처치

마침, 교회에서 예배 후에 응급처치에 대한 세미나가 있었다. 교회의
모든 식구들이 세미나에 참석했고, 응급처치에 대한 여러 가지 설명이
있은 후에, 세미나 강사가 '이제는 응급처치에 대한 실습을 하도록 하
겠습니다'라는 말을 했다. 그런데 그 순간에, "아이가 숨이 막혀 죽어 간
다"는 다급한 소리가 들렸다. 모든 사람은 비명 소리가 나는 곳으로 달
려갔다. 마침 맨 뒤에 계시던 목사님께서 세미나에서 배운 대로 곧바로
응급처치 호흡을 실시하여 극적으로 죽음 직전에 있었던 아이가 살아
났다. 몇 초만 늦었더라도, 그 아이는 죽었을 것이다. 그런데 조금 전에
숨을 쉬지 못하고 죽어 가던 아이는 방금 전까지 멀쩡하게 걸어 다니면
서 재롱을 피우던 나의 작은 아이였다.

시작

순간적이면서도 극적인 이 사건이, 도마처럼 말씀에 의심이 많고 사
울처럼 강퍅했던 나를 깨우쳐 주시기 위해 하나님께서 간섭하신 것임
을 깨닫게 되었다. 나는 그때 처음으로 하나님이 계시다는 것을 인정했
고, 단 1초의 시간도 어긋남 없이 계획하시고 역사하시는 하나님을 나
의 하나님으로 고백했다.

"…사람이 물과 성령으로 나지 아니하면 하나님의 나라에 들어갈 수 없
느니라(요한복음 3:5)."

그런 일이 있은 후에, 하나님께서는 요한복음 3장 5절 말씀으로, 그렇게도 강퍅하던 나의 마음을 열어 주셨으며, 보이지 않던 그 하나님 나라를 발견하게 해 주셨다.

"…너희가 섬길 자를 오늘 택하라 오직 나와 내 집은 여호와를 섬기겠노라…(여호수아 24:15-16)."

이 말씀을 통해 이제는 하나님 안에 있으면서 세상과 벗하지 않겠노라 다짐하며 하나님께 '완전한 항복(?)'을 선언했다. 하나님께 항복한 후에는 비참함이 오는 것이 아니라, 오히려 하나님께서 부어 주시는 평안이 넘쳐흘렀다. 힘든 직장생활 가운데서도 찬양이 넘치고 감사가 넘치는 생활이 정말로 짜릿했다. 교사훈련 등의 훈련과정과 성경공부를 통해 날마다 양육시켜 가시는 하나님의 손길이 얼마나 따뜻했던지!

하나님의 사랑; 십자가

그러던 중 많은 지체와 목사님의 권면으로 공동체를 경험하게 되었다. 3박 4일의 은혜의 시간들이 내게는 커다란 충격으로 와 닿았다. 하나님께서 따스하게 손잡아 주시고, 하나님의 음성으로 '사랑하는 내 아들아!'라고 말씀하시며 하나님의 사랑을 고백하시던 하나님과 나와의 오붓한 시간이었다.

어느 지체가 보내 준 하나님의 말씀이 새롭게 느껴졌다.

"내가 주께 대하여 귀로 듣기만 하였사오나 이제는 눈으로 주를 뵈옵나이다(욥기 42:5)."

이러한 욥의 고백이 내 자신의 고백이 되었다.

공동체에 나를 초청해 주신 분은 나를 사랑하사 자기 아들까지 십자가에서 피 흘리게 하신 하나님이셨다. 나는 나를 사랑하시는 하나님의 사랑을 확증했으며, 그 사랑을 만지고 그 사랑을 마음껏 누렸다. 함께 웃어야 하는 시간에는 웃고, 울어야 할 시간에는 어린아이같이 마음 놓고 울기도 했다. 하나님의 품 안에서 응석도 부리고 투정도 하며, 지금까지 감히 내어놓을 수 없었던 나 자신의 껍질들을 하나하나 벗겨 나가며 나의 본질, 나의 모습 그대로를 하나님 앞에 내어놓을 수 있었다.

하나님께서는 공동체를 통해 하나님에 대한 첫사랑을 회복시켜 주셨으며, '아버지로서의 하나님'을 인격적으로 만나게 해 주셨다. 나는 비로소 '교회 공동체 속의 가장자리'에서 '교회 공동체의 안쪽'으로 한 걸음 들어갈 수 있었다. 지금 생각해 보면 '지성소의 바깥뜰'만 밟고 있다가 '지성소 안'으로 들어가는 과정이었던 것 같다.

신실하신 하나님과 함께

한편 하나님께서는 교회 내에서의 다양한 훈련 등을 통해 교회의 머리 되신 주님께서 부어 주시는 사랑을 누리게 하셨다. 제자반 과정을 통해 하나님 앞에 나 자신을 내려놓는 훈련과 매일 주시는 묵상말씀을 통해 날마다 새롭게 인도하시는 하나님을 만나게 해 주셨다. 또한 성가대, 사랑방 순장, 중등부 부장 그리고 교육 부장 등 맡기신 일들을 통해 주님께서 나를 다듬어 가셨고, 주님의 몸된 교회를 섬기면서 주님을 누리게 해 주셨다. 하지만 내가 하나님께 가까이 나아가지 못해서 넘어질 때가 많았고, 예수 그리스도의 이름으로 나아갔지만 내 자신 속에 숨어 있던 은혜의 걸림돌을 극복하지 못해 넘어지고 좌절할 때도 많았다. 그럴 때마다 나를 사랑하시는 하나님께서는 신실하게 나를 붙들어 주셨다.

오래 전에 나의 가족이 미국에 있을 때에, 하나님 앞에서 나 자신이 얼마나 '신실한 사랑'을 받고 있는지를 확증해 주는 사건이 있었다. 점심 식사 후에 심한 복통이 있었다. 복통이 견딜 수 없이 심해서 아랫배를 움켜쥐고 집으로 돌아왔다. 나는 단순한 식중독인줄 알고, 하루 저녁을 배가 아픈 고통을 참고 지냈다. 그다음 날에는, 더 이상 견디기가 어려워 병원 응급실로 갔더니, 7시간의 검사 끝에 급성 맹장염으로 맹장이 터져 그날 밤에 수술을 하지 않으면 안 된다고 했다. 3시간이 넘는 수술이 진행되는 동안에 나는 몰랐지만, 그 늦은 자정까지 우리 가족과 교회 식구들이 나를 위해 기도하며 내가 회복될 때까지 기다렸다는 소식을 들었다. 나는 그때 예수 그리스도 안에서 한 형제와 자매로 아픔을 나눌 지체들이 있음에 감사를 드렸고, 그들이 내게 전해 준 값진 사랑에 가슴이 뭉클했다.

더욱더 감사한 것은 이미 하나님께서는 나에 대한 하나님의 사랑을 말씀으로 보여 주셨다는 점이다. 내가 처음에 통증이 심하여 아랫배를 움켜잡고 집으로 들어갈 때에, 그날 매일성경 본문을 통해, 하나님께서는 예레미야 30장을 주셨다.

"너희는 자식을 해산하는 남자가 있는가 물어보라 어찌하여 모든 남자가 해산하는 여자 같이 손을 자기 허리에 대고 모든 얼굴이 겁에 질려 새파래졌는가(예레미야 30:6)."

그러시면서, 이렇게 말씀하셨다.

"여호와께서 이와 같이 말씀하시니라 네 상처는 고칠 수 없고 네 부상은 중하도다(예레미야 30:12)."

하지만, 하나님께서는 나를 그대로 내버려 두지 않으셨다.

"…내가 너의 상처로부터 새 살이 돋아나게 하여 너를 고쳐 주리라(예레미야 30:17)."

신실하신 하나님께서는 그 말씀을 이루셨다. 육신의 아픔으로 인해 두려워할 때에, 나를 치료하시어 새로운 생명을 주시겠다는 하나님의 계획적인 사랑과 신실하신 하나님의 사랑에 얼마나 감사했던지!

경험과 자신감

신앙생활 가운데에, 참으로 부끄러운 일이 있었다. 오래 전 일이지만, 1년 동안 미국에 나가기 전 우리 집에는 아이들과의 어려움이 있었다. 그 당시에는 실험실에서 얻어지는 결과도 좋았고, 모든 것이 하나님 안에서 순적하게 이루어져 가고 있다고 생각했다. 다만 한 가지, 실제로 작은 부분인데도 부모 입장에서는 매우 큰 부분이었다. 우리 집 큰아이가 한참 사춘기를 겪을 무렵이었다. 우리는 교회생활에서, 그리고 신앙생활에서 경험한 것을 토대로, 나름대로 판단하여 부모로서 매일 하나님께 무릎을 꿇고 기도하면서 어려운 부분들이 잘 지나가기를 바랐다. 또한 어릴 때부터 익숙한 미국에서 아이들이 생활할 수 있게 하는 것이 나름대로 좋은 방법이라고 생각했다. 마침 그 당시 묵상을 통해 주신 말씀이 요한계시록 21장 1-2절이었다.

"또 내가 새 하늘과 새 땅을 보니 처음 하늘과 처음 땅이 없어졌고 바다도 다시 있지 않더라 또 내가 보매 거룩한 성 새 예루살렘이 하나님께로부터 하늘에서 내려오니 그 준비한 것이 신부가 남편을 위하여 단장한 것과 같더라(요한계시록 21:1-2)."

우리 부부는 이 말씀을 통해 새 하늘과 새 땅으로 갈 준비를 했고, 말씀대로 했기에 모든 일이 하나님 안에서 잘 이루어지리라 믿었다. 그것도 두 번씩이나 그곳에서 몇 년 동안 살았던 곳이기에 아무런 어려움 없이 생활할 수 있으리라고 자신할 수 있었으며, 더군다나 좋은 친구들이 있었기에 그들의 도움도 받을 수 있으리라고 기대했다. 그리고 내가 가는 학교에서는 1년에 $32,500를 받고 가는 것이기에 연구하는 부분에서도 잘 진행되리라 믿었다.

그런데 도착하면서부터 한 가지씩 문제가 불거져 나왔다. 여러 가지 문제들이 불거진 가운데서도 다행히 아이들은 그곳 학교에서 쉽게 적응하여 잘 지냈다. 큰아이는 1개월 만에 친 시험에서 매우 좋은 점수를 얻어서 학교를 떠들썩하게 했다. 작은아이는 학교에서 진행되는 강한 훈련을 이겨 내고 미식축구부에서 자리를 잡아갔다. 교회에서는 목장을 섬기며, 한국에서 온 아이들을 대상으로 '한어부'를 만들어서 섬기기도 했다.

침묵하시는 하나님

그러나 얼마 지나지 않아서 큰아이의 사춘기는 우리 부부에게는 너무나 큰 시련이었다. 우리가 할 수 있는 일이 기도밖에 없다고 생각하여 무릎 꿇고 눈물로 기도했으나, 돌아오는 응답은 아무것도 없었다. 성경 안에 답이 있을 것 같아 나의 아내는 성경을 수없이 읽었는데도 아무런 응답이 없었다. 정말 그렇게도 자상하시며 선한 길로 인도해 주셨던 하나님이 우리에게는 아예 계시지 않는 것 같았으며 어떤 기도에도 응답해 주시지 않는 침묵의 하나님이었다. 모든 상황은 어렵게만 진행되고 우리들은 '지금까지의 신앙생활은 무엇이었던가?' 하는 의문을 시작으로 '정말 하나님께서는 계시는가?' '정말 하나님께서는 나를 사랑하시는가?' '말씀으로 인도하신 새 하늘과 새 땅은 무엇이었는가?'라는 의문을 가졌고 아이를 원망하기도 했다. 정말 하나님을 원망할 수밖에 없었으며 실제로 원망도 많이 했다.

'내려놓음'으로

그렇게 많은 눈물과 한숨으로도 시간은 지나갔다. 그런데 어느 순간 멍한 생각이 들었다. '정말로 이게 무언가?' 하면서 말이다. 그렇게도 부모를 힘들게 했던 큰아이는 하나씩 제 갈 길로 자리를 잡아가고 있었다. 그러면서 지금까지 그렇게도 휘몰아쳤던 일들은 무엇이었는지 생각해 보게 되었다. 조용히 돌이켜 보니 모든 일이 나의 부족함으로 인해 일어난 것들인데도 나는 다른 사람들을 원망했고, 그것도 모자라서 하나님을 원망했다. 하나님께서는 내 자신에게 관심을 가지셨고, 나와 긴밀한 교제를 하고 싶어 하셨다. 그러나 내가 부모로서, 교수로서, 가장으로서, 뭔가를 아는 사람으로서 하나님 앞에서, 다른 사람 앞에서 나의 자존심 때문에 나를 내려놓지 못하고 있었다. 하지만 하나님께서는 그런 나를 포기하지 않으시고 끝까지 사랑하셔서 계속해서 하나님의 음성으로 나를 부르셨다. 하나님의 음성을 듣지 못하는 내가 안타까워서 하나님께서는 다른 일들을 사용하셨고, 다른 사람들을 사용하셨고, 그래도 끈질기게 내 입장만 내세웠기에 내가 가장 사랑하는 아들까지 사용하셨다. 하나님께서는 모든 과정을 통해, 내가 가지고 있는 모든 것을, 내가 알고 있는 모든 것을 내려놓게 하셨다. 그렇다. 하나님께서는 나의 경험이나 지식이 아닌 하나님의 방법으로 인도하셨다. 내가 할 수 없음을 주님께 고백하고, 주님께 온전히 내려놓으며 주님께 온전히 의지했을 때에, 주님께서는 나의 모난 부분 하나 하나를 다듬어 주셨다.

신실하신 주님을 의지함으로

그러나 지금도 때로는 삶의 현장에서 어려움은 있다. 그렇지만, 염려하지 않는다. 나의 삶을 주장하시는 주님께서 한 점의 실수도 없이 모든 것을 합력하여 선을 이루어 가셨듯이, 항상 나의 삶의 구석구석마다 개입하실 것을 믿기 때문이다. 넉넉히 승리하실 그 주님을 신뢰하며 부족한 나를 지금도 인내하시며 세워 가시는 그 하나님께 감사함으로 살아가고 있다. 그 하나님의 은혜가 이 자리에 계신 여러분들에게도 동일하게 임할 것을 확신한다.

어둠이 가장 두려워하는 것, 가정예배

이강주 (건축학과 교수)

생에 가장 큰 선물

교회에 처음 나간 것이 고등학교 1학년 때인 1978년이다. 누군가 당신 인생에서 가장 결정적인 전환점이 무엇이었냐고 묻는다면, 나는 일말의 주저함 없이 "교회에 나가서 예수님을 만나고 그것 때문에 인생관이 완전히 바뀐 것"이라고 말할 것이다.

가끔, 예수님으로 변한 내 삶의 내용을 생각해 보곤 한다. 그것들을 하나씩 적어 보면 다음과 같다.

· 인생의 허무함과 그것의 다른 모습인 욕망이 만물의 '예스(Yes)'가 되신 예수님으로 허물어졌다. 내게 죽음은 더 이상 문제가 되지 않았다.
· 가문으로 내려오던 어둠의 흐름이 끊어지고 새로운 믿음의 가문이 세워졌다. 예수님 안에서 사랑하는 아내와 소중한 두 아이가 허락되었다. 또한, 모든 관계에 대한 열쇠를 발견했다.

- 동행하시는 예수님의 직접적인 손길을 인생의 고비마다, 중요한 순간마다 직접 경험하게 하셨다. 괜히 세워 주시고 높여 주시는 주님의 위트로 즐거움을 주셨다.
- 교회생활을 통한 여러 훈련과 각종 활동은 영적인 성장은 물론 리더십과 음악적 재능, 그리고 인문적 사고를 크게 향상시켰다. 실제로 이러한 능력들이 살아오면서 많은 도움이 되었다.

가정예배의 능력

믿음생활이라는 것이 무엇일까 생각해 본다. 그것은 예수님을 주인으로 인정하는 삶을 사는 것이다. 그렇다면 이러한 삶의 발원지는 어디일까? 나는 가정예배라는 샘이라고 확신한다. 우리 가정은 2013년 2월 7일부터 가정예배를 드리고 있다. 비록 짧은 기간이지만, 이 기간 동안 우리 가정에 일어난 영적인 혁명은 그 폭과 깊이에서 말로 형용할 수 없다. 그래서 이런 생각이 들었다. '어둠의 세력이 가장 두려워하고 싫어하는 것은 가정예배가 아닐까….'

예수님이 내 삶의 주인이 될 때, 인생의 모든 짐이 벗어지고 참 쉼과 자유케 하는 진리를 경험할 수 있다. 이는 이 세상의 어떤 것도 감히 견줄 수 없는 견고한 터전이다. 가정예배는 이 터전이 흔들리지 않도록 보전케 하는 매일의 벽돌이다. 마지막으로, 가정예배 때 가족이 암송하는 성경구절을 소개하면서 글을 마치고자 한다. 이 글을 읽는 분께 말씀의 능력이 임하시기를 간절히 기도한다.

"하나님의 말씀은 살아 있고 활력이 있어 좌우에 날선 어떤 검보다도 예리하여 혼과 영과 및 관절과 골수를 찔러 쪼개기까지 하며 또 마음의 생각과 뜻을 판단하나니 지으신 것이 하나도 그 앞에 나타나지 않음이 없고 우리의 결산을 받으실 이의 눈 앞에 만물이 벌거벗은 것 같이 드러나느니라(히브리서 4:12-13)."

"너희 안에 이 마음을 품으라 곧 그리스도 예수의 마음이니 그는 근본 하나님의 본체시나 하나님과 동등됨을 취할 것으로 여기지 아니하시고 오히려 자기를 비워 종의 형체를 가지사 사람들과 같이 되셨고 사람의 모양으로 나타나사 자기를 낮추시고 죽기까지 복종하셨으니 곧 십자가에 죽으심이라(빌립보서 2:5-8)."

보이는 것과 보이지 않는 것

이광민 (음악과 명예교수)

2013년 8월, 33년의 교직생활을 무사히 마치고 정년퇴직을 하게 되었다. 그간의 나의 인생을 돌아보면 보이지 않는 손길로 돌보아 주신 하나님의 은혜를 깨닫게 된다.

우리 세대는 대한민국의 건국 역사와 같이하는 세대인 만큼 지나간 환경을 자주 돌아보곤 하는데, 건국 후부터 군사혁명 때까지와 그 이후부터 지금까지의 두 단계로 나누어 볼 수 있다. 경제적으로 낙후된 대한민국이 '잘 살아보세'라는 일념으로 경제 부흥으로의 일에만 매진한 결과 단군 이후로 제일 잘 살고 있다고 자타가 인정하는 오늘에 이르렀다.

IT 산업의 발전, 스포츠계의 눈부신 활약, 또 한류열풍으로 나타난 문화산업의 발전 등 여러 방면에서 큰 성장을 이루어 국민 소득을 증진시키고 한국에 대한 인식을 세계에 나날이 새롭게 하고 있다.

그러나 이 모든 일을 자세히 살펴보고 생각해 보면, 이에 반한 어두운 일들이 경제 부흥 이전보다도 더 심각한 문제로 나타나고 있다. 보이는 성장에만 치중하고 보이지 않는 성숙에는 소홀히 한 결과가 나타나고 있는 것이다. 이 시점에서 우리는 인간이 잘 산다고 하는 것의 참 의미를 곰곰이 생각해 볼 필요가 있다.

인간이 잘 살기 위해서는 보이는 것(외적인 것)과 보이지 않는 것(내적인 것)의 균형이 잘 이루어져야 하는데 우리의 현실은 보이는 것만을 향해 달려가고 있다. 돈 때문에 부모, 형제, 부부간의 윤리가 깨지고 살인까지 이르게 되며, 우울증과 자살과 같은 정신적 질병이 생기는 것을 보게 된다. 이러한 일들의 모든 원인이 바로 우리 삶의 치우친 불균형 때문이라 생각한다.

교육 현실에서도 참 가치나 목표를 추구하기보다는 보이는 결과에만 치중하여 젊은이들이 불안과 혼돈 속에서 헤매고 있다. 인간의 소중함과 그 본질적 가치를 생각하게 하는 인문학이나 예술문화 분야는 소홀히 여기면서 취업 위주의 분야에만 지나친 관심을 드러내는 것은 보이는 것만을 좇아가는 데서 생긴 불균형의 현상이다.

교회도 이러한 영향을 받아서 외적인 풍성함만을 바라보며 한쪽으로 기울어진 모습을 보이고 있다. 우리 인간에 대한 하나님의 한없는 사랑과 예수님의 십자가를 바라보면서 기독인의 참 본분을 따라 살아야 하는데, 겉모습에 지나치게 우리의 관심과 에너지를 쏟고 있다.

우리의 현실은 우리를 외적인 것에 빠지기 쉽게 하지만 우리는 믿음의 눈으로 삶의 참 가치를 추구하여 내적인 세계를 넓혀 가야 할 것이다. 소돔과 고모라성에 의인 열 명이 없어서 멸망한 그 시대와 유사한 오늘의 우리 현실에서, 우리 한 사람 한 사람이 이 시대의 소금과 빛의 역할을 해야 하지 않을까 생각한다.

'가장 소중한 것은 보이지 않는 곳에 있다.'

그것을 안다는 것이 얼마나 귀하고 감사한 일인지…. 오늘 하루를 귀하게 여겨 최선을 다 하는 것, 즉 성경을 깊이 묵상하고 기도하며 순간순간을 주님께서 보여 주신 길로 가는 삶을 사는 것이 보이지 않는 영원한 생명의 길로 가는 방법이라 생각한다.

오랜 시간 큰 역경 속에서도 선량한 민족성으로 면면을 살아온 우리 민족이 지금이라도 기울어진 방향을 바로 잡을 수 있는 소망은 우리 기독인들이 제 역할을 충실히 하는 데서 찾을 수 있을 것이다.

"우리가 주목하는 것은 보이는 것이 아니요 보이지 않는 것이니, 보이는 것은 잠깐이요 보이지 않는 것은 영원함이라(고린도후서 4:18)."

받은 사랑의 나눔

이광휘 (컴퓨터공학과 교수)

나는 2013년, 지금도 학기 중에는 창원에 그리고 방학 중에는 영국에 살고 있다. 그리고 우리 가족 모두는 영국에서 살고 있다. 나의 작은 경험을 여러분들과 공유할 수 있기를 바라면서 한 가지 이야기를 하려고 한다.

20년도 전의 일로서 영국에 머물고 있을 때의 일이다. 아직 나의 아내는 박사학위 과정이 끝나지 않았던 상황이었고 나의 큰아이가 12개월 정도 되었을 때, 나는 영국 레딩(Reading)이라는 지역에 틴데일(Tyndale)이라는 침례교회에 다니고 있었다. 영국에 처음 가서 몇 교회들을 방문하여 보았고 결국에는 가장 가까운 교회를 가기로 결정하여 다니고 있었다.

영국의 작은 교회

내가 다니던, 물론 지금도 다니고 있는 그 교회는 전체 교인이 70명 정도 그리고 출석 교인이 40-50명 정도 되는 곳이다. 한국의 시각으로 보면 아주 작은 개척교회 수준이지만 영국 지역에서는 중간 정도 되는 재정적으로 독립할 수 있는 정도이다. 교인의 대부분은 연세가 있으신 할아버지, 할머니들이었다. 큰 변화가 없는 그러한 교회였다. 교회의 담임목사님은 여자 목사님이었다.

목사님께서 한 해 안식년을 맞이하여 호주에 6개월간 교류 목사로 가게 되셨고, 호주 교회에서는 그쪽 목사님을 영국으로 보내 설교를 담당하게 하셨다. 이런 상황에서 영국 교회 담임목사님이 호주에서 영국으로 돌아가는 길에 한국을 방문하고 싶어 하셨다. 나는 학기 중이어서 한국에 있었지만, 내 아내는 영국에서 한국으로 돌아와야 하는 상황이었다. 말할 것도 없이 상당히 불편한 일이었다. 여러 가지로 고민하고 기도하는 중에 우리는 담임목사님을 초대하는 것으로 결정하고 영국 교회의 전도사님도 같이 초청하기로 했다.

받은 은혜를 생각하라

이러한 과정에서 시간적·경제적 부담이 있어서 고민도 하고 불평도 하게 되었다. '왜 꼭 이렇게까지 해야 하지?' 하는 생각을 했다. 그때 나에게 들려주신 주님의 음성은 이러한 것이었다. '네가 받은 사랑을 기억하라.' 나는 한국에 있고 아내만 혼자서 영국에서 공부하고 있을 때, 교회에 연세 많으신 할머니는 내 아내가 실험 등으로 늦게 집에 돌아오는 날이면 간단하게 먹을 수 있는 수프와 빵 그리고 꽃을 집 현관에 놓아두시곤 하셨다. 그리고 어려운 문화를 알아야 이해할 수 있는 영어 문구들을 신문에서 발견하면 적어 두었다가 우리에게 알려 주시곤 했다. 아무런 대가도 없이 이런 일들을 우리에게 해 주신 것이다. 물론 이유는 하나였다. 예수를 믿기 때문이었다. 예수를 믿는다는 것이 남들과는 다른 것을 만들어 냈다.

영국 목사님, 한국에

결국 영국 교회 담임목사님과 전도사님을 한국으로 모셨다. 목사님과 전도사님은 우리와 2주 동안을 함께 있으면서 서울, 창원 그리고 다른 여행지들을 방문했다. 방문지는 두 곳으로 나뉘었다. 한 곳은 한국의 명승지였고, 다른 한 곳은 교회였다. 설악산, 부산, 서울, 창원, 마산 등 한국의 과거와 미래를 느낄 수 있는 장소를 방문했다. 그때까지만 해도 영국의 보통 시민들에게 한국은 동양의 먼 나라로만 알려져 있었고 한국전쟁 등에 대한 기억이 대부분이었다. 명승지와 현대화된 도심 등을 방문하는 과정을 통해 한국의 과거 그리고 현재의 모습을 비교적 잘 느낄 수 있었다.

우리는 또 목사님과 전도사님이 여러 교회를 방문할 수 있도록 안내했다. 목사님과 전도사님은 한국을 방문하기 전부터 여의도순복음교회를 방문하기 원하셨다. 그래서 방문하신 기간 중에 첫 번째 주일 예배를 여의도순복음교회에서 드렸다. 대부분의 외국인들이 그러하듯 목사님도 교회 규모에 놀라셨다. 예배는 영어로도 동시에 통역되었다. 예배 자체가 교회를 처음 방문한 분들에게는 하나의 볼거리였다. 그리고 두 번째 방문한 곳은 양재동에 있던 할렐루야 교회였다. 교회 김상복 목사님과 개인적인 친분을 가지고 있었던 관계로 미리 말씀드려 두 시간 정도 담화를 나눌 수 있었다. 김상복 목사님은 영국에서도 교수생활을 하섰던 관계로 공통의 관심사가 많이 있어서 대화에서 좋은 결과들을 얻을 수 있었다. 마지막에는 할렐루야교회 구석구석을 구경했다. 현대화된 예배시설, 국제화된 선교체계 등을 볼 수 있었다. 그러나 무엇보다 방문객들의 관심을 끈 것은 선교센터 내에 있는 골방 같아 보이는 작은 개인 기도실이었다. 현대화된 교회시설이었지만 개인이 하나님과 은밀한 교제의 시간을 가질 수 있는 공간을 확보하고 있는 것에 감동을 받았다. 예수를 사랑하는 사람들이 주님과 은밀한 기도의 시간이 필요하고 중요하다는 것을 모르는 것은 아니지만 교회가 이러한 공간까지 확보하여 제공한다는 사실에 그들은 자신들을 돌아볼 수 있는 기회를 얻었다.

교회 방문의 마지막은 내가 창원에서 출석하고 있는 창원시민교회였다. 아는 분들은 알고 계시겠지만 창원시민교회는 개척교회는 벗어난 교회이지만 작은 교회이다. 그분들은 교회 주일예배에 참석했다. 동시통역 같은 것은 물론 없었다. 예배 중에 중요한 사항은 내가 직접 통역해 드려야 했다. 목사의 길을 가기 전에 음악 선생님이셨던 영국 목사님은 즉흥 특별 찬송 부탁에도 응해 주셨다. 저녁 예배까지 드리고 목사님의 사택에서 차를 같이하면서 이야기를 나누었다. 대화 중에 시민교회 목사님은 새벽기도에 관한 이야기를 하셨다. 새벽 5시에 모여서 기도한다는 이야기를 하시며 영국의 상황에 대해서도 질문하셨다. 방문하신 분들은 새벽 5시라는 말에 정말이냐고 몇 번을 확인했다. 정말로 그것이 가능하고 많은 성도가 참여하는가를 물었다. 내가 생각해도 영국 사람들의 생활패턴을 볼 때 5시에 모이는 것은 현실적으로 거의 불가능할 것이기에 그렇게 묻는 것이 나는 이해가 되었다.

그리고 창원대학교 교수선교회에서 기회를 주어서 방문하신 목사님과 전도사님이 교수선교회 모임에 참석하여 대담을 나눌 수 있었다. 지금 정확한 숫자는 기억하지 못하지만 이영길 교수님을 비롯하여 10여 분의 교수님들이 도서관의 한 세미나실에서 모여 대담을 나누었다. 나중에 방문자들이 나에게 이야기하기를, 직장에서 자신들의 점심시간을 이용하여 주님의 이름으로 모이는 것에 대해 많은 감동을 받았다고 하셨다. 극도로 개인적인 삶을 사는 그들에게는 자신의 점심시간을 희생하는 것으로 비칠 수 있겠다고 생각됐다. 이렇게 하여 2주간 그들의 한국 방문은 끝이 났고 나는 해방감을 느낄 수 있었다.

영국 목사님, 영국으로 가시고

그동안 수업도 하고 방문자들과 함께하느라 많이 피곤했다. 그러면서 나의 마음속에는 호주에서 그냥 영국으로 돌아갔으면 이렇게 피곤하지는 않아도 됐을 것을 하는 불평도 마음 한 구석에 있었다. 그러나 곧 이러한 기억은 사라지고 일상으로 돌아갔다.

몇 주가 지나 영국의 목사님에게서 연락을 받았다. 방문 기간 동안 베풀어 준 호의에 감사하다는 것이었다. 우리와는 다르게 영국인들은 초대받아 식사라도 대접받고 나면 통상적으로 감사의 카드를 보내는 것을 당연한 것이라 생각한다. 나는 목사님의 연락이 그러한 것이라 생각했다. 그러나 나는 이 연락의 마지막 부분에서 다른 것을 발견하고 그제야 정신이 들었다. 그리고 주님께 감사하고 나의 깊지 못했던 생각을 회개했다. 주님의 계획은 우리의 생각을 초월하는 곳에 있다는 것을 느꼈다. 그 마지막 부분은 이러한 내용이었다.

"한국에 방문했을 때 나는 많은 것을 보았습니다. 그중에서 나의 인생을 바꾼 것이 있었습니다. 그것은 다름 아닌 새벽기도회였습니다. 그리고 한국교회로부터 기도의 힘을 느꼈습니다. 틴데일(Tyndale)에서도 새벽기도회를 가지려고 합니다. 당신이 속한 교회와 아는 분들에게 이를 위해 기도해 달라고 부탁드려 주시기를 바랍니다."

하나님은 이들의 방문을 관광으로 만들지 않으시고, 주님의 계획 안에서 하나의 작품으로 만들고 계셨던 것이다.

영국 목사님, 한국 방문 그 이후 영국에서

그 후에 틴데일(Tyndale) 교회에서는 현실을 고려하여 오전 7시에 새벽기도회를 하게 되었다. 30분 정도 기도회를 하고 간단하게 교회에서 식사하고 출근하도록 했다. 처음에 모인 숫자는 목사님, 전도사님 그리고 나의 아내 이렇게 3명이었다. 이러한 상황이 수일 계속되었지만, 그 후 참석자는 조금씩 증가하여 한 달 정도가 지나자 15명 정도 되었다. 정말로 한 달 전에는 상상할 수도 없었던 일이 벌어지고 있었던 것이다. 그들 사이에는 많은 간증이 있었다. 이 내용을 요약해 보면 주님과의 아침 교제는 삶에 활력을 주고 주님 안에서 하루를 살 수 있는 힘을 준다는 것이었다.

영국에서는 우리와는 조금 다르게 교파, 교단과 관계없이 지역에서 시무하고 계신 목사님들 간에 서로 좋은 관계를 유지하고 있다. 그분들은 정기적으로 모임을 가지고 지역의 문제들을 의논하신다. 물론 장·단점이 있기는 하지만 한국 교회에서도 한번 고려해 볼 만한 일이라 생각한다. 새벽기도회가 확장되는 것을 보신 목사님은 이에 힘을 얻어서 레딩(Reading) 지역의 목사님들 모임에서, 매주 수요일 6시에 새벽기도회를 하자고 제안하셨다. 목사님들도 이에 동의해서 새벽기도회를 시작하셨고, 이를 통해 목사님들도 많은 은혜를 받고 있다는 이야기를 전해 들을 수 있었다. 그 후 몇몇 목사님들은 목사님의 연수회를 한국으로 가기로 결정하시고 한국을 방문하기도 하셨다. 이 모임은 지금도 계속되고 있다.

놀라운 하나님의 계획; 영국 땅에 새벽기도!

이러한 일들이 진행되고 있던 중에 또 다른 놀라운 하나님의 계획을 보여 주셨다. 새벽기도회의 소식이 전해져 영국 BBC 방송에서 우리 목사님을 인터뷰하기 원했던 것이다. 결국 목사님은 방송에 출연하여 한국을 방문한 내용과 한국 교회의 새벽기도회에 대해 간증하셨고 몇 세기 전의 자신들의 믿음으로 돌아가야 한다는 이야기를 하셨다. 이러한 이야기는 전국으로 방송되었다. 얼마나 많은 교회가 새벽기도회를 시작하였는지 그리고 지속하고 있는지 그 수는 정확히 알 수 없지만, 분명한 것은, 이로 인해 새벽기도회가 시작되었고 지속되고 있다는 사실이다. 영국 교회 목사님은 그 후 영국 침례교회의 지역 회장이 되셨고 방문하는 곳마다 한국 교회의 새벽기도회를 전하는 새벽기도회 전도자가 되셨다. 퇴임하신 지금도, 다른 교회에서 설교를 부탁받을 때마다 설교제목은 '새벽기도회'라고 하신다.

하나님의 생각과 내 생각

우리 가정이 1991년부터 지금까지 한국과 영국에서 떨어져 살면서 어려운 일들을 수없이 겪었지만, 이것들을 극복할 수 있었던 것은 바로 앞에서 언급했던 사건 때문이다. 영국으로 떠날 때 나는 방문교수, 아내는 유학생이었다. 지금까지 나는 방문교수로 그 일을 완수했고, 아내는 목표했던 유학의 결과들을 모두 얻었다. 그러나 아직도 하나님이 우리를 한국으로 부르시지 않는 이유를 우리는 위의 사건에서 찾을 수 있었다.

우리가 처음 영국으로 떠날 때 받은 말씀이 "내가 계획한 것을 이룰 때까지 내가 너희를 떠나지 아니하리라"였다. 처음에는 우리에 대한 주님의 계획이 방문교수로서 좋은 결과 그리고 아내의 박사학위인 줄 알았다. 이러한 것들을 모두 이루었을 때에도 하나님이 우리를 한국으로 부르시지 않는 것이 이상했지만 나중에 알 수 있었다. 주님은 우리를 유학으로 영국에 보내신 것이 아니라 전도의 사역자로 보내셨다는 것을…. 지금까지 불편한 일들이 수없이 많이 있었지만 이것을 인지하고서야 참고 견디며 살 수 있었다. 지금은 이런 생각을 한다. 영국에 새벽기도회가 완성될 때까지 우리를 한국으로 부르시지 않을지도 모른다고….

받은 사랑의 힘으로

나의 작은 경험을 통해 한 가지를 생각해 본다. 물론 하나님의 계획이시지만 하나님은 일을 이루실 때는 사람을 사용하신다. 앞서 말씀드린 일들이 일어나기 위해 내가 목사님을 한국에 초청한 것이 일의 시작이었다고 처음에는 생각했다. 그러나 그것이 아니었다. 여러 가지 불편함에도 내가 목사님을 그렇게 초청할 수 있었던 것은 Lee라는 할머니의 주님 안에서의 사랑 때문이었다. 잘 알지도 못하는 나라에서 온 이방인에게 단지 예수 안에서 형제이기 때문에, 그리고 본인이 주님의 사랑을 실천하신다는 이유로 우리를 그렇게도 사랑해 주셨다. 영국 교회에 새벽기도회를 부흥시킨 것은 그 할머니의 사랑 덕분이었다. 우리는 그 할머니의 남편인 테드 할아버지의 임종을 지킬 수 있었고 할머니가 요양원에서 돌아가시는 마지막 순간에도 우리 가족은 할머니의 임종을 지킬 수 있었다.

한국에도, 그리고 창원대학교에도 외로운 외국인 근로자, 외국인 학생들이 많이 있다. 그들에게 우리 교수선교회가, 우리에게 사랑을 주셨던 영국 할머니의 역할을 할 수 있는 방법이 없을까를 생각해 본다. 이를 통해 주님이 하나님의 나라를 확장하시리라 기대한다. 그리고 우리가 값없이 받은 사랑을 값없이 나눌 것을 기대한다.

어느 스승의 날에

이영길 (영어영문학과 명예교수)

어느 스승의 날에

어느 스승의 날이었다. 강의 시간에 누구의 생각인지는 모르겠지만 스승의 날 노래를 불러 주겠다고 해서 모두가 일어나 나에게 노래를 불러 준 적이 있다. 전처럼 "스승의 은혜는 한이 없어라"로 시작하는 스승의 노래를 듣게 되리라 기대를 했는데, 스승의 노래와는 너무나 다른 노래를 그들은 불렀다. 그 노래는 바로 다음과 같은 것이었다.

영길은 시냇가에 심은 나무라
하나님의 사랑 안에 믿음 뿌리 내리고
주님 뜻 안에 주님 뜻 안에 아름답게 사세요

얼마 만에 불리는 이름 '영길'인가! 어린 시절 어른들에게서 많이 들었고 총각시절 여자친구에게서 '영길 씨'라고 불린 이후 정말 오랜만에 들어보는 이름 아닌가! 이게 정말 내 이름인가 의심스러울 정도였다. 그것도 아들보다 훨씬 나이 어린 제자들에게, 그것도 한꺼번에 말이다!

이름을 부르며 시작하는 수업

매 학기 초에 나는 강의시간마다 수강생을 한 사람씩 앞으로 나오게 해서 앞에 나온 학생의 이름을 넣어 노래를 불러 주는 시간을 가졌다. "당신은 사랑받기 위해 태어난 사람"으로 시작하는 복음송에 "당신" 대신 그 학생의 이름을 넣어서 부르는 것이었다. 노래가 끝나면 앞에 나온 학생은 간단하게 자기소개를 했다. 그러고 나면 뒷자리에 앉은 사람부터 한 사람씩 앞으로 나와 오늘의 주인공과 악수를 하거나 포옹을 했다. '영어강독' 과목처럼 수강생이 많아서 서로 잘 알지 못하는 경우가 많았는데 이를 통해 모두가 서로에게 더욱 관심을 가지게 되었고, 즐겁게 수업을 시작할 수 있었다.

복음송, 축복송

막내아들 약혼식에서 신부의 이모님들이 "너는 시냇가에 심은 나무라"라는 복음송에 신랑과 신부의 이름을 넣어서 축하송을 부르는 것이 정말 감동적이어서 다음부터는 이 곡을 "당신은 사랑받기 위해 태어난 사람" 대신에 사용하는 것이 어떨까 생각했다.

윤경은 시냇가에 심은 나무라
하나님의 사랑 안에 믿음 뿌리 내리고
주님 안에서 주님 안에서 아름답게 사세요

어느 여름, 한 달간 하와이 코나에서 열린 부부 세미나에 참석해서 감격이 넘치는 시간을 보냈었다. 매 시간마다 하와이의 아름다운 하늘 아래에서 잔잔한 바다를 내려다보며 부른 은혜로운 복음송들이 얼마나 감동적이었는지 모른다. 특히 집사람은 은혜가 된다면서 "내 이름 아시죠(He Knows My Name)"를 계속 불렀다. 지난 학기 종강예배 때 우리 영문과 학생들과 "Amazing Grace"와 "God Is So Good"을 불렀는데, 다음 학기에는 이 노래를 부르면 좋겠다는 생각을 했다.

하나님이 기억하시는 이름들로

모두 오래전의 일이다. 제자들이 서로의 이름을 알고, 나도 그들의 이름을 알기 위해 "보혜는 사랑받기 위해 태어난 사람" 혹은 "영진은 시냇가에 심은 나무라"와 같은 노래를 불렀지만 이제 세월이 많이 지나다 보니 그 많은 제자 이름들을 모두 기억할 수는 없다. 제자들도 서로의 이름을 모두 기억하지는 못 할 것이다. 그러나 나는 지금도 내가 가르쳤던 학생들의 이름을 기억하려고 노력하며 한 번이라도 내 강의를 수강한 학생들에게 매년 한 차례 이상 메일을 보낸다. 이는 내가 아직도 여전히 그들의 이름을 기억하고 있다는 것을 알리면서, 내가 그들의 이름을 알고 있는 것보다 더욱 하나님이 그들 모두의 이름을 알고 계시고 그들의 손을 꼭 잡고 있다는 사실을 알려 주고자 함이다.

그때 왜 그러셨어요?

이종근 (컴퓨터공학과 교수, 공대 학장)

간증? 웃긴 사람들!

교회에서나 어디 모임 같은 데서 간증하는 내용이나 모습들을 보게 되면 왠지 모르게 짜증이 났다. 하나님의 은혜에 감사를 드린다거나, 자신의 믿음에 대한 확신적 표현이라고는 하지만 결국 자신의 믿음이나 받은 은혜를 자랑하는 것으로 해석되어 웃긴다는 생각이 들면서, 한편으로는 가증스럽게 여겨지기도 했다.

"이 보세요, 지금 말로만 떠들지 마시고 스스로 대견스럽다고 하지 마시고, 마치 세상의 어려움을 다 이겨 내서 참 믿음의 소유자라고 자신을 자랑스럽게 여기지 마시고 정말 제대로 된 믿음의 삶을 살아 보세요."라고 혼자 중얼거리면서 그들을 폄하하기도 하였고 경멸하기도 했다. 아마도 모태신앙으로 자라온 나의 뜨뜻미지근한 믿음이어서 그랬던가, 그러나 나는 교회에서 충실하게 봉사를 하며 믿음의 삶을 살았다고 자부하면서 스스로 나를 내세우려는 이들을 경멸했다. 그러고는 나 스스로는 잘난 체하면서 그렇게 신앙생활을 했다.

평범했던 신앙생활

나와 하나님의 관계를 끈적끈적한 본드로 접착시킬 만한 강력한 그 어떤 계기도, 사건이나 경험도 내게는 없었고 믿음의 가정에서 자란 나는 아무런 문제없이 평탄한 신앙생활을 해 왔다. 유년부 시절이 그랬고 중등부·고등부 시절에도 큰 위기 없이 평탄하게 지냈다. 물론 1차 대학 시험에서 실패하고 나서는 도대체 내가 부족한 게 무엇이냐고 왜 내가 대학 시험에 떨어져야 하냐고 하나님께 대들었던 적은 있었지만, 아버지의 충고와 조언 그리고 순종하는 마음으로 재수 대신 후기 대학을 선택했다. 후기 대학생활을 하는 동안 엄청나게 큰 갈등을 겪기는 했지만, 그렇다고 교회를 뛰쳐나가거나 하나님을 부정하거나 거부한 적은 없었다. 마치 팽팽해진 고무줄에 매여 있던 내가 힘이 빠져 하나님 곁으로 돌아간 듯한 느낌이었지, 고무줄이 끊어져 내가 저 멀리 내팽개쳐진 적은 없었다.

간증? 내가!

이러한 내가 나 자신도 알아채지 못하게 간증을 했다면 과연 믿을 수 있을까.

학위를 마치러 프랑스에 다시 갈 때이다. 내일 모래면 프랑스로 가야 하는데 학위에 대해서는, 학교생활에 대해서는 걱정이 없었으나 프랑스에서의 교회생활에 대한 걱정이 계속 나를 괴롭혔다. 어떤 교회를 찾아가야 하나. 릴이라는 도시에 가서 옛날처럼 다시 교회를 전전하면서 실패를 거듭하다가 교회를 정해야 하나, 아는 이는 하나도 없고 한인들도 가능한 접촉을 하지 않으려 하는데…. 머릿속에, 마음속에, 이것이 걱정되어 매일 잠을 뒤척였다. 지금 생각해도 이상했다. 어째서 최종학위 문제는 전혀 걱정하지 않으면서 교회에만 그토록 악착스럽게 고민하고 있었는지 궁금했다.

아무튼 무거운 마음을 안고 파리 샤를 드골 공항에 도착해서 릴 행 기차를 기다리고 있었다. 4월 초인데도 무척이나 추웠다. 진눈깨비는 왜 그리도 날리며 뼈를 에는 듯한 바람은 어찌 그리도 차가운지, 괜스레 아는 척하며 옷을 가볍게 입은 것을 후회하면서 발을 동동 구르며 플랫폼에 서 있었는데, 나이 지긋한 노부부가 낑낑거리며 짐을 끌면서 다가온다. 얼굴이 온화하다. "봉~쥬르" 하며 나와 인사를 나눈다. 순간 추웠던 느낌이 그런 대로 사라진다. 노신사가 내 주위에서 머뭇거리다가 내게 가까이 다가온다. '왜 일까?' 하는 의구심에 쳐다보았는데 어디 가냐고 묻는다, 릴이라고 대답하니 자기도 그리 간단다. 딸과 사위네가 거기에서 산다고 한다. 자기는 캐나다인인데 사위는 영국인이라고 한다. 캐나다인과 영국인이 만나 결혼을 하고 살기는 불란서에서 산다? 그림이 잘 그려지지가 않는다. 뭐, 그래도 좋다. 아~그러냐, 좋겠다 했다. 어디서 왔냐고 한다. 한국이라고 했고, 무엇 때문에 가냐고 해서 공부하러 간다고 했다. 얼마나 있을 거냐고 해서, 요거는 무슨 '시추에이션'일까 하고 재빠르게 머릿속을 굴려보았지만 뭐, 딱히 적당한 대답이 나오지가 않아 솔직하게 1년 정도라 했다. 그랬더니 교회에 나가냐고 묻는다. 아~ 이것은 무엇일까. 혹시나 교회를 가르쳐주려는 것일까. 아니면 이거, 문선명의 통일교 교회나 몰몬교 같은 사이비들을 대 주는 것 아닐까 하는 생각이 머리를 휘감는다. 딸네 가족이 나가는 교회는 영국 교회라서 영어와 불어를 함께 쓰는 교회란다. 전화번호를 준다. 릴에 도착하거든 전화해 달란다. 함께 교회에 가자고 한다. 이거 교인이 교인에게 전도당한 듯한 느낌에 당혹스럽기는 했지만 교회 문제가 해결되는 순간이었다. 그동안 가슴 속에 꾹 하니 맺혀 있었던 문제가 해결되는 듯한 느낌이었다. 그래도 릴에 도착하여 하루 이틀 고민하다가 미친 척하고 전화를 걸었다. 노부부의 딸이 이야기를 들었다면서 반갑게 맞는다. 자기들이 매주 교회까지 '라이드'해 주겠다고 한다. 학교 기숙사에 거주하는 나로서는 좀 싫었다. 이 교회에 계속 다닐지 안 다닐지 몰랐기 때문에 벌써부터 엮기기가 싫었던 것이다. 아무튼 나는 교회 주소를 받았다. 먼저 릴 시내에서 교회를 찾아다녔다. 릴 시내야 창원 상남동 정도니 걸어서 다니다 보면 20-30분이면 그런대로 훑어볼 수가 있었다. 시청 근처에 아담하게 지어진 단층 교회당, 문패를 보니 영국 교회였다. 문을 열고 들여다 보니 정말 아담한 교회였다. 이제 내일 이 교회에서 예배를 드리리라 생각하며 교회를 떠났다.

교회를 처음 방문했다. 문 앞에서 목사님이 반갑게 인사하며 교인들을 맞이한다. 어디서 왔냐고, 무엇을 하냐고 하면서 성경책과 찬송가를 일일이 교인마다 나누어 준다. 교인들이 30명 정도인데 모두 백인이다. 아이들도 있다. 예배 중에 어린이들이 주일학교로 이동한다. 동양인은 처음이라서 그런가, 신기한 듯 나를 쳐다본다. 인형같이 예쁘고 파란 눈동자를 이리저리 굴리면서도 빙긋이 웃으면서 선생님과 함께 나간다. 예배가 끝나고는 목사님이 내게 다가오고, 소개받았던 딸네 가족과 그 노부부가 다가와서 반갑다고 한다. 예배 후에는 작은 파티가 매 주일 열린다. 지하로 자리를 옮기니 아이들이 그곳에서 공부를 한다. 커피와 쿠키 등이 준비된 파티에서 교인들은 나에게 다가와 인사하기가 바쁘다. 그러면서도 경계하는 눈초리가 매섭다. 도대체 어떤 녀석일까. 얼마나 교회에 출석할까 하는 의구심이 눈에 보인다. 한국이라는 말에 조금은 놀라면서도.

하나님께서는 나로 하여금 그 교회에서 1년을 족히 출석하게 하셨다. 9월에는 목사님이 내게 더 오래 있으면 안 되겠냐고 묻는다. 빠지지 않고 교회에 출석하는 교인이기에 반갑고, 이제는 우리 교인이라는 뜻이리라. 교인들도 처음과는 사뭇 다르다. 교회 일도 함께하잔다. 뭐, 도와주는 거야 그리 어렵지 않지만, 이제 나는 내년 초면 돌아가야 하는 사람이라는 생각에 너무 깊이 개입하고 싶지 않았다. 그러나 주님은 내게 그 교회를 통해 더욱 귀한 믿음의 체험을 주셨다. 그리고 내 것을 먼저 구하지 않고 주님의 것을 먼저 구했기에 주님은 내가 원하는 목적을 성실하게 달성할 수 있는 큰 상복을 주시지 않았나 생각한다.

릴에서의 믿음생활을 통해 나는 확신을 얻었고 매일매일 이기며 살았다. 자신이 있었고, 두려움이 없었다. 교회에서의 생활도 그랬다. 나는 성령충만의 체험도 그때 느껴 보았다.

왜 그러셨을까?

지금도 그때, 왜 내가 교회 문제로 고민을 했을까 아직도 궁금하다.
먼 훗날 하늘나라에 가면 물어보리라.

"그때 왜 그러셨어요?"라고.

피조물이 허무한 데 굴복하는 것은

이지훈 (영어영문학과 교수)

디덜러스의 꿈

강건한 체질을 타고 나지 못했다. 어릴 때는 몸이 아주 약했다. 초등학교 때는 학교에 못 가는 날이 많았다. 자리에 누워서 책을 읽었고 상상을 즐겼다. 중학교 들어가서는 아버지 서재에 있는 세계문학전집 중에서 눈에 띄는 책을 즐겨 골라 읽었다. 투르게네프의 『첫사랑』과 『아버지와 아들』을 6학년 때 읽었는데 '니힐리즘'이 무슨 말인지 아버지께 질문했던 기억이 난다. 아마 이런 책은 제목 때문에 끌렸던 것 같다. 물론 다 알고 봤던 건 아니고 책 외엔 별로 가까이 할 게 없었던 것이 가장 큰 이유였을 것이다. 마산 바다가 내려다보이는 교실에서 수업에는 집중 안 하고 무릎에 소설을 펴놓고 읽으며 이따금 바다를 바라보았던 내 모습이 떠오른다. 병약한 어린 나를 키운 건 푸른 바다와 책이었다. 이런 독서 취미가 고등학교 때에 이르자 '신'의 존재에 관한 생각을 많이 하게 했다.

고등학교를 서울로 진학했다. 그러나 1차 고등학교 시험에는 실패하고 소위 2차 학교에 들어가게 되었는데, 이 고교 실패가 내 인생 최초의 좌절 쯤에 해당될 것이다. 그러나 난 이 학교 도서관에서 문화 충격을 받게 된다. 소도시 문학소녀는 거대한 책의 양과 질에 압도당해 버리는데 오로지 이 책에서만 기쁨을 누리고 좌절의 아픔을 이겨 낸다. 그런데 내가 간 그 여고는 가톨릭 여학교였다! 신부, 수녀가 선생님이고 수업 중 12시에는 명동성당에서 울리는 3종 소리에 맞춰 일어서서 기도문을 읊조리려 했다. 나는 『젊은 예술가의 초상』(*The Portrait of Young Artist*, James Joyce)의 스티븐 디덜러스(Stephen Dedalus)였다! 첫 학기 기숙사 생활 중 수도원 성당 청소를 사생들이 해야 했는데 난 제단 앞에서 아주 반항적인 몸짓으로 미사를 집전하는 신부 흉내도 내곤 했다.

전차 속의 예수

그러나 잊히지 않는 기억이 있다. 어느 날 저녁, 학교가 파한 후 좀 늦은 시간, 밤이 이슥한 시간에 집으로 돌아가고 있었다. 기다리던 전차가 와서 탔다. 전차는 거의 비어 있었다. 출발 전에 한 남자가 올라탔다. 그는 피곤해 보였고 옷차림도 남루했다. 그런데 그의 눈빛은 평화롭고 따뜻했다. 나는 즉각 예수를 떠올렸다. 대도시의 이슥한 밤. 예수는 저렇게 피곤하고 지친 몸으로 고독하게 전차에 오른다. 그러나 그의 존재는 아늑한 평화를 느끼게 하고 사람들의 지친 몸과 마음이 그로 인해 따뜻이 풀어진다…. 내가 느꼈던 건 바로 그런 것이었다.

그 남자는 예수였다. 아무도 알아보지 못했지만 난 그를 알아봤다. 열여섯 살의 나는 밤의 전차 속에서 그를 느끼고 있었다.

나는 영적인 인간일까? 가끔 스스로에게 질문해 본다. 고등학교 때 치열하게 신의 존재에 대해 생각했다. 가톨릭 여고를 다닌 영향이었을 것이다. 그러나 이 궁극적 질문은 개신교 대학에 들어가서는 여러 파장으로 갈라졌다. 오히려 장자(莊子)와 노자(老子)에도 심취했다가 불교로도 기울여졌다. 아마 독서의 영향이었을 테고 도 닦는 사람을 부러워한 얄팍한 흉내 내기였을 터였다. 말하자면 그런 폼을 잡았다. 20대였으니까. 그러나 지금도 난 인간으로서 가장 해 볼만 한 것이 승려가 되거나 사제가 되는 것이라 생각한다.(신부는 남자에게만 국한된다는 전제나 조건을 해제시켜 버린 후. 이런 점에서 가톨릭보다는 불교가 더 양성 평등적이라고 할 수 있다. 그러나 성공회는 여사제가 있다. 물론 개신교도 여자 목사가 있다.)

세월이 흘렀고 이런 화두들은 잊혀져 갔다. 디덜러스가 사제를 택하지 않고 예술을 선택했듯이 나도 예술을 선택했고 그 예술은 내게 글쓰기가 아니라 연극이었다. 그러나 이 연극을 통해 다시 예수를 만나게 될 줄을 누가 알았으랴?

1988년 창원에서 나는 엄청난 일을 벌였다. 소극장 공연에 만족하지 못하고 대극장 공연, 그것도 그냥 연극이 아니라 뮤지컬을 할 음모를 꾸몄다. 그때는 뮤지컬이 국내에서도 아직 소개 단계에 있었다. "아가씨와 건달들"의 국내 첫 공연이 1983년쯤이었으니 창원에서의 뮤지컬 공연은 도전이었고 첫 시도였다.

오늘밤은 코메디

『포룸으로 가는 길에 생긴 재미있는 일』(*The Funny Thing Happened on the Way to Forum*)이라는 긴 원제의 작품. 원래는 『수돌루스』(*Pseudolus*)인, 주인공 이름을 딴 로마 고희극(old comedy)이고 작가는 플로투스(Plautus, 251-183 B.C.)이다. 이 희극을 유명한 미국 작곡자이자 작사가인 스티븐 손다임(Stephen Sondheim)이 현대적 뮤지컬로 개작하여 히트시켰다. 나는 이 작품을 번역하고 작곡자와 안무가를 기용하고 배우를 뽑아 훈련하여 창원 KBS 홀에서 공연했다. 말하자면 요즘 보는 뮤지컬 식으로 연출한 것으로 엄청난 야심작이었다.[1]

나는 이 뮤지컬의 테마 송 "오늘 밤은 코메디, 내일 밤은 비극"에서 힌트를 얻어, 제목을 "오늘 밤은 코메디"라고 붙였다. 인생은 코메디라는, 해피엔딩으로 끝나는 정말 재미있는 작품이었다. 극의 배경을 로마에서 중동 지역으로 바꾸어 설정하고 인물들에게 전부 아랍 전통 의상을 입혔다. 당시는 아랍과의 무역이 성행하고 그 지역에 우리 근로자들이 많이 파견되어 외화벌이를 하던 때였다. 뉴스에도 심심찮게 긴 튜닉을 입고 머리에 두건을 쓴 아랍사람들이 등장했었다. 이란 대사관에서 관심을 보여서 모든 의상과 소품을 대사관에서 협찬을 받았다. 무대도 서울의 무대미술 전문 디자이너에게 의뢰하여 제작했을 정도로 심혈을 기울인 작품이었다.

---

1 이 작품은 1981년 중앙대 연극과 학생들에게 졸업공연 작품으로 번역해 주었다. "로만 코메디"라고 제목을 바꾼 이 공연은 중대 유사 이래 대 히트였고, 1982년 서울 창고극장에서 졸업생들이 극단을 만들어 다시 공연한 바 있다.

3개월의 긴 리허설과 3일 간의 짧은 공연. 내 모든 걸 쏟아부었다. 그러나 뮤지컬은 너무 일렀다. 그리고 창원 관객 수의 한계도 있었다. 4000명이 봐야 할 공연이었는데 2000명이 고작이었다. 물론 이 숫자는 평소 1000명 정도의 관객 숫자를 훨씬 웃도는 숫자이지만 내게는 만족할 만한 숫자가 아니었다. 그리고 창원의 침묵…. 평론이 활성화되어 있지 않은 척박한 문화계. 아무도 평하는 사람이 없었고 아무도 리뷰하는 사람이 없었다. 물론 이를 모른 것은 아니었다. 하지만 이러한 특별한 공연이 창원을 떠들썩하게 하고, 죽어 있는 문화계를 흔들어 깨우리라는 기대 아닌 기대를 나는 했던 것이다. 나는 '광야에서 외치는 외로운 목소리'였다. 내 온 열정, 시간, 물질을 쏟아 부은 작품은 처절한 외로움과 허무감을 안겨 주었다. 그 뒤 나는 6년을 연극을 하지 못했다.

스스로 교회를 찾아가다

그래서…, 그런 허무와 외로움의 밑바닥에서 만난 것이 예수님이었다. 누가 오라고 해서도 아니고 누가 시켜서도 아니고…. 나는 어느 하루, 혼자 조용히 진해에 있는 작은 개척 교회를 찾아갔다. 내 속에 울린 첫 말은 "예수님, 극장에 없던 사람들이 여기 다 있군요. 당신 앞에 말입니다"였다. 그 작은 교회에는 사람들이 있었다. 그리고 내가 교회를 찾는 주일이 이어졌다. 내 자만과 교만에 하염없이 눈물을 흘렸고 그 뜨거운 눈물 속에 내 옛사람이 녹아내리기 시작했다. 간장병의 짠 간장이, 부어지는 맑은 복음의 생수에 의해 밖으로 넘쳐흘러 버리고, 간장병의 간장 맛이 점점 희석되어 갔다.(아직도 그 생수는 부어지고 있고 예전

짠맛은 많이 사라졌지만 그러나 완전히 사라진 건 아니다.)

이때 로마서의 8장 20-21절 말씀이 내 심장을 때렸다.

"피조물이 허무한 데 굴복하는 것은 자기 뜻이 아니요 오직 굴복하게 하
시는 이로 말미암음이라. 그 바라는 것은 피조물도 썩어짐의 종 노릇 한
데서 해방되어 하나님의 자녀들의 영광의 자유에 이르는 것이니라(로마
서 8:20-21)."

아, 지금도 이 말씀의 파워와 진리가 다가온다!

'허무한 데 굴복한 것', 연극은 허무한 것이고 나는 그것에 매료되고
굴복되어 그동안 살아왔다. 그런데 이 굴복은 내 뜻이 아니라 '굴복케
하시는 이로 말미암아' 즉, 하나님의 뜻이었다. 왜? 허무를 통해 나를
자신에게 부르기 위해서였다! 나는 연극을 통해 하나님께로 갈 수밖에
없었던 것이고 그것은 그분의 뜻이었다. 유학 때부터 10년이 넘는 연
극에 대한 그동안의 세월은 내가 구원받고 '하나님 자녀의 영광의 자유'
에 이르기 위한 긴 세월이었다. 그동안은 '썩어짐의 종노릇'의 기간이었
고 나는 드디어 그 노예 문서를 파기하고 새로운 신분, 즉 '하나님의 자
녀'가 된 것이며 자녀의 특권인 '자유'를 누리게 된 것이었다. 이 거룩한
진리의 말씀은 오직 나를 위해 로마서에 기록되어 있었으며 수천 년 세
월, 나를 오래 기다리고 있었던 것이다. 고마운지고! 할렐루야! 주님 사
랑합니다!

그 후 6년 간 나는 연극을 하지 않았다. 그래도 충만했다. 물론 내 에너지가 다 소진되었고 허무와 외로움에 빠져 있었던 이유도 있었다. 그러나 예수님을 만나고 한 3년 동안은 내게 패러다임 전환(paradigm shift)의 시기가 되었고, 내 모든 가치관과 세계관이 인문학 중심에서 예수 중심으로 바뀌어 간 시기였다. 그리고 이 전환 이후에 천천히 내 전공(영미희곡)과 연극을 다시 보게 되었고 연극은 새로운 모습과 비중으로 내 눈에 들어왔다.

다시 연극을 하며

나는 지금도 연극을 한다. 알지 못할 그 무엇에 끌려서 극장으로 향하고, 그 텅빈 무대는 내게 영감을 주고 속삭인다. 어릴 때 읽었던 책 속의 인물들이 말을 건네고, 내가 공부하는 희곡 속 인물들이 정겹게 미소 짓는다. 돌 속의 사람이 미켈란젤로에게 꺼내 달라고 한 것처럼, 그들도 내게 극장 속으로 불러달라고, 책 속에서 꺼내 달라고 눈짓한다. 그래서 나는 그들을 무대 위에서 살아 숨 쉬도록 해 주고 싶을 뿐이다.

연극은 뭘까? 나는 왜 연극을 하는 것일까? 이 물음은 내 평생의 화두다. 그러나 이제 연극은 내가 나를 감당하게 하려는 하나님의 방법임을 안다. 하나님의 자녀 됨의 자유를 누리며 연극을 통해 하나님을 영광스럽게 하고 싶은 소망만이 있다. 부디 그렇게 되소서.

끊을 수 없는 하나님의 사랑

이창순 (화학과 교수)

우리를 향한 하나님의 뜻?

"범사에 감사하라 이것이 그리스도 예수 안에서 너희를 향하신 하나님
의 뜻이니라(데살로니가전서 5:18)."

성경에서 '감사하라', '찬양하라', '기뻐하라'와 같은 명령형 말들은 쉽
게 이해할 수 없다. 사람의 감정은 누군가로 인해 강요받을 수 있는 것
이 아니기 때문이다. 그것은 내 마음 속에서 우러나오는 자발적이고 능
동적 감정인 동시에 행위인 것이지 누군가의 강요나 명령에 의해 억지
로 이루어지는 것은 아니다. 그럼에도 바울은 데살로니가 교회의 교인
들에게 '항상 기뻐하라', '범사에 감사하라'고 편지한다. 또 그는 빌립보
교회의 교인들에게도 이렇게 말한다.

"이와 같이 너희도 기뻐하고 나와 함께 기뻐하라(빌립보서 2:18)."

또한, 이렇게 거듭 말한다.

"주 안에서 항상 기뻐하라 내가 다시 말하노니 기뻐하라(빌립보서 4:4)."

데살로니가 교회나 빌립보 교회의 모든 성도의 사정을 바울이 다 아는 것도 아님에도 바울은 감사하라고 한다. 그들 중에는 감사하기에는 너무나도 어려운 상황 가운데 있는 사람들도 있을 수 있기에 '감사하라', '기뻐하라'는 명령은 예수를 처음 믿기 시작한 나를 참으로 당황스럽게 만들었고, 이 이치에 맞지 않는 논리에 끊임없이 투덜댔다.

종교라면 이성적으로

어디 그뿐일까. 도대체 이 무슨 소리인가 '부활', '영생', '구원', '대속', '은혜' 등등…. 대학을 졸업하고 친구의 소개로 처음 만난 여자(아내)의 간절한 부탁으로 처음 교회에 간 아주 똑똑(?)하고 지극히 이성적(?)인 과학도인 나는 이러한 비이성적이고 비과학적인 말들을 당연히 귓등으로도 듣고 있지 않았다. 하지만 이 여자와 사랑에 빠진 나는 이러한 내색을 할 수는 없어서 꾸준히 아내가 다니던 교회에 출석은 했지만, 예배에 참석해서는 집사람이 원하는 앞자리 대신 제일 뒷자리에 앉아서 목을 뻣뻣이 들고 오늘은 또 무슨 말도 안 되는 소리를 저 목사가 하나를 기대하며 앉아 있었다. 우리 집사람이 나를 좋아하고 있다는 것을 확인한 이후에는 이런저런 이성적(?) 질문으로 우리 집사람을 괴롭히고 힘들게 만들기 일쑤였다. 사실 그 당시 나는 종교를 하나쯤 가져도 좋겠다고 생각하고 있었고, 만일 종교를 하나 갖는다면 불교나 천주교가 좋을 거라는 생각하고 있었다. 기독교는 비이성적(?)이었지만, 불교는 너무도 이성적이고 논리적이어서 너무도 똑똑(?)한 나에게 가장 적합하고 학문적 매력이 넘치는 종교였다. 예를 들면 "살생하지 마라"는 너의 유익을 위해 생명을 함부로 다루지 마라라는 의미라니 얼마나 우리의 이성으로 이해하기 쉬운가? 종교의 선택이 종교의 필요성의 인식으로 선택된다면 불교와 같은 이성적 인식이 우선되는 종교가 당연히 선택될 것이다. 이에 반해 '구원', '삼위일체', '부활', '영생' 등과 같은 하나님의 진리의 말씀은 우리의 이성으로는 알 수 없다. 예수 그리스도의 구원은 내가 선택할 수 있는 것이 아니다.

"이는 그가 모든 지혜와 총명을 우리에게 넘치게 하사 그 뜻의 비밀을 우리에게 알리신 것이요 그의 기뻐하심을 따라 그리스도 안에서 때가 찬 경륜을 위하여 예정하신 것이니"(에베소서 1:8-9).

즉, 하나님의 뜻에 의해 세상 사람들은 절대 이해할 수 없는 예수 그리스도와 복음의 진리를 우리는 알게 되고, 예수 그리스도와 연합하여 죄와 사망의 늪에서 하나님의 은혜 아래에 있게 되니 데살로니가 교회와 빌립보 교회에 편지한 바울처럼, 또한 하박국 선지처럼 내가 하나님께 감사하고 기뻐하며 하나님을 찬양하게 되는 것이다.

"비록 무화과나무가 무성하지 못하며 포도나무에 열매가 없으며 감람나

무에 소출이 없으며 밭에 먹을 것이 없으며 우리에 양이 없으며 외양간에 소가 없을지라도 나는 여호와로 말미암아 즐거워하며 나의 구원의 하나님으로 말미암아 기뻐하리로다(하박국 3:17-18)."

눈과 귀가 열리다

하나님은 하나님 앞에서 삐딱한 나를 혼자 내버려 두지 않으시고 그 은혜의 손길을 내미셨다. 지금의 집사람과 결혼하고 여전히 건성으로 교회에 출석하던 나에게 어느 날 '구원'이 무엇인지 정말 알고 싶지 않느냐고 물어오셨다. 이 질문은 내가 전혀 내 스스로 알고 싶지도 궁금해하지도 않았던 것이었다. 그런데 어느 날부터인가 이 질문이 나를 괴롭히기 시작했다. 전혀 내가 의식하지 않았는데도 어느 순간 불쑥 나를 찾아와서는 몇 시간씩 나를 괴롭히는 것이었다. 그때까지 나는 성경을 제대로 읽은 적이 없었다. 교회에 출석한 지 5년이 지났지만, 그저 예배 시간에 본문 말씀을 보는 것이 고작이었다. 하지만 이제 이 질문은 나에게 성경을 보지 않으면 안 되게 만들었다. 나는 괴로워하며 창세기를 펼쳤고 첫 줄을 읽었다.

"태초에 하나님이 천지를 창조하시니라(창세기 1:1)."

나는 잠시 숨을 고르고, 다시 한 번 이 구절을 읽은 후에 창세기를 읽어 나갔다. 놀랍게도 그 몇 달 동안 창세기가 이해되기 시작했고, 태초에 하나님이 천지를 창조하셨다는 말씀이 수긍되기 시작했다. 하나님이 내 눈을 열어 주시고 귀를 열어 주셔서 세상 사람들이 알지 못하는 하나님의 그 뜻의 비밀을 깨닫게 하신 것이었다.

창조과학회

1990년 나는, 처음 읽은 "태초에 하나님이 천지를 창조하시니라"라는 말씀으로 나를 하나님의 자녀가 되게 하신 그 뜻대로 내가 출석하던 교회의 정길룡(의사) 집사와 창원에서 창조과학회 활동을 시작했다. 우리의 목표는 공교육 기관에서 가르치는 진화론으로 창세기에 대한 믿음을 잃어 가는 청소년들과 청년(대학생)들을 위해 진화론의 허구성과 비과학성을 알리는 것이었다. 또한 과학자인 우리가 성경의 창세기가 과학적 관점에서도 모순이 없음을 보임으로써 기독교 신앙의 기초(죄와 구원의 원리의 시작)가 되는 하나님의 말씀을 깨달아 알게 하는 것이었다. 물론 이것은 복음의 진리를 과학으로 설명하려는 어리석은 시도는 결코 아니다. 단지 현대 사회에서 과학이란 이름으로 복음의 진리를 폄하하는 세력들, 복음을 증거하는 데 창세기가 필요 없다고 하는 사람들, 창세기를 기독교적 설화로 폄하하는 사람들 등으로부터 전지전능하신 창조주 하나님을 드러내는 도구로 쓰임받기를 원하는 것이다.

창조과학 전임사역자 중에 한 사람인 이재만 선교사(지질학자)는 『(창세기 1장이 가슴 벅차게 믿어지는) 창조과학 콘서트』라는 책 서문에서 "우리가 믿는 하나님은 성경에서 말하고 있는 그 하나님입니다. 성경대로 창조하시고, 성경대로 이끄시는, 성경대로 사랑하시고, 우리를 구원하시되 성경에 쓰여 있는 대로 구원하시는 하나님입니다"라고 말한다.

첫사랑 회복; 신령과 진정으로

2004년 우리 가족은 큰 시련을 겪었다. 42살에 낳은 우리 아들(당시 초등학교 2학년)이 선천성 뇌동맥 기형으로 뇌출혈을 일으켜 왼쪽 팔과 다리를 비롯한 몸의 왼쪽이 모두 마비되어 움직이지도 못하고, 3개월 동안 병원에 누워 있었으며, 2년 동안 병원에서 치료를 받아야 했기 때문이다. 그 아이의 치료를 위해 서울로 이사하게 되었고, 나도 학교를 1년 동안 휴직해야 했다. 우리 부부는 매일 하나님 앞에 엎드려 눈물로 기도했다. 그러나 이는 또 다른 하나님의 계획이었다. 그동안 하나님을 섬긴다고 하면서 이런저런 활동과 봉사를 해 왔지만 정말 우리가 예배다운 예배를 드렸는지, 우리의 삶이 하나님 앞에서 예수 그리스도로 의의 열매가 가득하여 하나님의 영광과 찬송이 되었는지 돌아보게 되었다. 시편 120편부터 135편처럼 우리는 주일날 진정 하나님을 예배하기 위해 거룩히 구별하여 하나님 전에 나갔는지, 우리 자신을 돌아볼 수밖에 없었다. 우리에게 가장 시급한 것은 '첫사랑의 회복'이었다.

> "그러나 너를 책망할 것이 있나니 너의 처음 사랑을 버렸느니라(요한계시록 2:4)."

요한계시록에서 "내가 네 행위와 수고와 네 인내를 알고…", "또 네가

참고 내 이름을 위하여 견디고 게으르지 아니한 것을 아노라"라고 칭찬
한 후에 첫사랑을 버렸다고 에베소 교회를 책망하신 것처럼 우리도 그
첫사랑의 회복이 필요한 것이었다. 첫사랑의 회복은 감정적 사랑의 회
복을 의미하지 않는다는 것을 우리는 곧 깨달았다. 단순히 처음 예수
그리스도를 알았을 때의 벅찬 감정과 눈물이 아니라 하나님 앞에 진정
과 진리로 하는 예배의 회복이었다. 어느 곁엔가 예배는 형식적이 되
었고, 주일 아침에는 늘 허겁지겁 교회로 가기에 바빴으며, 예배시간에
도 순서마다 집중하지 못 하고 있었다. 우선 주일예배를 위해 나의 일
주일간의 삶을 절제할 필요가 있었다. 주일예배를 하는 데 방해가 되는
요소들은 제거해 나가고 육체적으로나 영적으로 예배를 하는 데 최상
의 상태가 되도록 했다. '나의 아버지 나의 하나님 나의 산성이요 피할
바위이신 내 하나님'께 온 맘 다해 찬송하고 기도하며 예배하기를 기도
했다.

믿음의 고백

"우리가 알거니와 하나님을 사랑하는 자 곧 그의 뜻대로 부르심을 입은
자들에게는 모든 것이 합력하여 선을 이루느니라(로마서 8:28)."

예배의 회복은 곧 합력하여 선을 이루시는 하나님의 은혜대로 삶의
회복을 가져왔다. 우리 아들은 아직도 왼쪽 팔과 다리가 다소 불편하지
만 거의 정상에 가깝고 두 딸과 아들은 온전히 하나님을 사랑한다. 얼

마 전에 결혼한 큰 딸에게 중매가 들어와 내가 "선 한번 볼래?"라고 물어보자, "직장이 어딘지, 학교는 어딜 나왔는지" 같은 것은 단 한마디도 묻지 않고 "그 사람 예수 믿는 사람이야? 아니면 그냥 교회 다니는 사람이야?"라고 물어 나를 당황하게 만들었다. 나중에 왜 학벌이나 직장은 묻지 않았냐고 하자 "그런 게 뭐 중요해. 하나님의 은혜 받은 사람이면 다 해결되는데…"라고 답하여 나를 놀라게 했다. 오늘도 나는 고백한다.

> "내가 확신하노니 사망이나 생명이나 천사들이나 권세자들이나 현재 일이나 장래 일이나 능력이나 높음이나 깊음이나 다른 어떤 피조물이라도 우리를 우리 주 그리스도 예수 안에 있는 하나님의 사랑에서 끊을 수 없으리라(로마서 8:38-39)."

하나님의 의로운 오른손이 나를 붙드시니

임형태 (신소재공학부 교수)

처음 쓰는 간증문; 하나님이 주신 기회

2013년 11월 중순 나는 한 통의 메일을 받았다. 교수선교회에서 간증문 모음집을 준비할 예정인데 한번 참여해 보는 것이 어떻겠냐는 것이었다. 그동안 바쁘다는 핑계로 교수선교회 화요모임에 참여하지 못한 지 꽤 오래돼서 선교회에서 어떤 일들을 계획하고 추진하고 있는지 전혀 알지 못하고 있었는데 위와 같은 메일을 받은 것이다. 나는 간증을 해 본 적도 써 본 적도 없는 그냥 평범한, 물렁한 신앙인이다. 그래서 간증문을 쓰는 것에 대한 막연한 두려움(?)과 어색함이 있어서 그 한 통의 메일이 부담스러웠던 것은 사실이다. 혹시 '나의 간증문이 전체 간증문 모음집의 수준을 떨어뜨리면 어쩌나?'라는 걱정도 들었다. 하지만…, 살면서 나에게 간증문을 써 보라는 누군가의 부탁도 처음이었던 것 같다. 예전에 미국 한인교회를 다닐 때 간단히 간증 몇 마디를 한 적은 있었지만 말이다. 그래서 생각해 보았다. 그리고…, '아…, 나 같은 사람도 간증문을 쓸 수 있는 기회를 하나님이 주시는구나…'라는 생각이 들었다. '이때 아니면 언제 써 볼까'라는 생각과 나 같은 사람도 간증문을 쓸 수 있다는 것을 보여 주기 위해서 용기를 내어 간증문을 쓰기로 결심했다.

모태신앙; 미지근, 물렁한 믿음

나는 모태신앙인이다. 지금은 돌아가신 나의 어머니가, 나를 임신하면서부터 아버지와 신앙생활을 함께 시작하셨다. 나에게 교회, 찬송가, 성경이란 매우 익숙하고 친숙하다. 아주 어릴 때부터 매주 주일마다 교회를 다녔으니 당연한 것인지도 모르겠다. 교회는 매주 빠지지 않고 잘 나갔고 지금도 그렇게 하고 있다. 그러나 수도 없이 들어본 찬송가이지만 제목도 장도 잘 모른다. 성경구절은 많이 들어봤지만 성경을 처음부터 끝까지 완독한 적은 없다. 그러니 한 번이라도 제대로 간증을 해 본 적이 없는 것도 당연하다. 나를 정의하자면 그냥 미지근하기 그지없는 물렁한 모태신앙인이다.

어머니 암투병; 내 믿음의 불꽃

하지만 나에게도 짧지만 불꽃처럼 타오르는 신앙심을 갖던 때가 있었다. 어머니가 암투병을 할 때였다. 박사과정이 약 1년 정도 남아 있었을 때 어머니는 대장암 3기 판정을 받으셨다. 그러나 3기라도 수술이 잘되고 관리를 잘하면 완전히 회복 가능했기에, 가족들은 하나님께 모든 것을 맡기고 어머니께서 수술과 항암치료를 잘 견뎌 내셔서 빨리 건강을 회복하기만을 기다리고 있었다. 부모님께서 이와 같이 힘겨운 시절을 한국에서 보내고 계실 때 나는 함께하지 못했다. 학업에 방해가 되니 한국에 오지 말라는 부모님 말씀에 못 이기는 척 미국에 남아 있었다. 빨리 건강이 회복되기만을 마음속으로 바랄 뿐이었다. 하지만 그토록 고통스러웠던 대장암 수술과 항암치료가 끝나고 불과 몇 개월 후 어머니는 암세포가 폐로 전이되었다는 판정을 받으셨다. 모두가 믿었던 어머니의 건강 회복은 이루어지지 않았다. 암이 재발했을 때야 나는 모든 것을 뒤로 하고 한국으로 돌아갔다. 암이 재발하면 생존율은 많이 떨어진다. 특히나 폐암인 경우 결과는 더욱 안 좋다. 참 단순하게도 나의 미지근했던 신앙은 그때서야 달아올랐다. 어머니의 건강이 회복되리라는 믿음으로 평소에는 하지 않던 신앙생활을 시작한 것이다. 마치 공부 안 하던 학생이 벼락치기를 해서 시험을 잘 보기 원하는 마음으로 새벽기도, 교회봉사, 성경읽기, 매일 정해 놓은 시간에 기도하기 등을 실천한 것이다. 믿는 자에게 능치 못함이 없다는 말씀을 굳게 믿었다. 지금 생각하면 순수하기도 하고 단순한 신앙이었던 것 같다.

나는 학업을 마무리해야 해서 한국에서 어머니, 아버지와 계속 있을 수는 없었다. 힘겨운 싸움을 하고 계시는 어머니를 뒤로 하고 나는 다시 미국으로 돌아갔다. 돌아가는 날 어머니 방에 있는 찬송 CD 몇 장을 보았다. 어머니께서 힘드실 때 위로받기 위해 듣는 CD였다. 나는 어머니께서 어떤 찬송을 들으실까 하는 생각에 몇 장을 복사해서 미국에 챙겨 갔다.

그곳으로 돌아갔지만 박사학위 과정을 마무리하는 그 중요한 시점에서 병마와 싸우고 계실 어머니를 생각하면 학업에 집중하기가 너무 힘들었다. 그래도 내가 나의 임무를 완수해야 어머니께서도 기뻐하실 거라는 생각에 어떻게 하면 내가 마음을 다잡고 책상에 앉아 있을 수 있을까를 고민하다가 그때 집에서 챙겨온 찬송 CD를 듣기 시작했다. 교회에서 말고는 평소에 이런 음악을 듣는 것은 태어나서 처음이었다. 지금 생각해 보면 그 위로가 없었다면 내가 목표한 시간 내에 학업을 마치기 어려웠을 것이다.

어머니가 떠난 빈자리, 그 이후

힘겹게 몇 달을 보내고 졸업시험이 임박할 때쯤 한국에서 어머니의 병세가 점점 악화되어 간다는 소식이 들려왔다. 우리 가족은 그 순간에도 믿음의 끈을 놓지 않았다. 하나님께서 행하시는 일에 한 치의 의심이 없어야 믿는 대로 이루어진다고 생각했기 때문이다. 더욱더 간절히 기도하고 믿음을 굳게 했다. 오히려 하나님께 감사드렸다. 하나님께서 나의 신앙을 끌어올리게 하시려고 주신 기회구나라는 생각까지 했다. 하지만 결국 나의 믿음과는 달리 어머니는 중환자실에 가셨고 내가 한국으로 돌아갔을 때 이미 어머니는 의식을 잃고 산소 호흡기에 의지하고 계셨다. 결국 어머니는 공부하라고 미국으로 돌려보낸 아들과 마지막으로 말 한마디 나눠 보지 못한 채 영원히 하늘나라로 가셨다.

어머니가 돌아가시고 나서 나는 다시 미지근한 신앙인으로 돌아갔다. '나의 믿음은 다 나 혼자만의 착각이었구나' 하면서 하나님에 대한 미운 감정이 생기기 시작한 것이었다. 나는 어머니가 분명 회복되리라 굳게 믿고 있었기 때문에 내가 나름 정해 놓은 목표를 달성하기 위해 미국에서 박사 후 과정을 알아보았었고 내가 꼭 가고 싶은 학교의 연구실에 연구원으로 합격을 해 놓고 2년 계약까지 한 상태였다. 어머니가 돌아가시고 나서 한국에 혼자 계신 아버지를 생각하니 미국에서 계속 내가 하고 싶은 일을 할 수만은 없었다. 고민 끝에 모든 것을 포기하고 한국으로 돌아가기로 마음먹었다. 가고 싶은 학교의 연구실에 이러러한 사정으로 못 가게 되었다고 이메일을 쓰는 날 어머니를 잃은 마음과 하고 싶은 일을 더 이상 할 수 없다는 마음에 가슴이 너무나도 아팠다. 한국에서 일자리를 찾기 위해 몇 군데 이력서를 보냈는데 운 좋게 국내 연구소에 합격을 하여 졸업논문을 끝내자마자 귀국했다. 이렇게 단시간에 좋은 일자리를 갖게 되었지만 마음 한 구석에는 아쉬움이 남을 수밖에 없었다. 항상 마음속으로 '내가 공부를 더 했으면 어떠했을까'라는 생각을 지울 수는 없었다. 그렇게 연구소에서 몇 년을 보낸 후 나는 우연히 창원대학교에 지원하게 되었고 놀랍게도 최종 합격까지 하게 되었다.

믿음의 뿌리; 어머니의 믿음

나는 아직도 어머니께서 투병하실 때 내가 가졌던 그 믿음, 그 믿음에 따른 신앙생활을 다시 이루어 내지 못하고 그냥 주일이면 기계적으로 교회에 나가는 평범한 기독교인으로 살아가고 있다. 어떻게 보면 무늬만 기독교인이지 다른 비신앙인들과 크게 다를 바가 없다. 유치하게도 아직도 주님에 대한 믿음이 100퍼센트 회복되지 못하고 있다. 하나님이 하시는 일에 대한 의심이 있는 것 같다. 하지만 나는 오늘 간증문을 쓰며 나와 우리 가족을 돌아본다. 나는 비록 어머니가 일찍 세상을 떠나시면서 내가 하고픈 것을 마무리하지 못했지만 결국 대학교에서 자리를 잡을 수 있게 되었고, 믿음이 없었던 나의 아내도 이제는 나보다 더 열심히 교회를 다니고 있으며, 어머니가 나와 나의 누나를 교회학교에 보내신 것같이 나도 7살 아들을 매주 주일 교회학교에 보내고 있다. 그리고 어머니의 투병생활, 갑작스러운 귀국, 타지생활 등으로 둘째 아이를 생각지도 못한 우리 부부에게 하나님께서는 얼마 전 딸을 주셨다. 또한 서울에 홀로 계신 아버지도 어머니를 잃은 슬픔을 견디며 지금까지는 건강을 잘 지키며 버티고 계신다.

비록 어머니께서는 내 곁을 일찍 떠나셨지만 내가 어릴 때부터 쭉 보았던 어머니의 신앙생활, 매일 밤 집에서 홀로 예배시간을 가지면서 부르시던 찬송, 기도, 어머니가 읽어 주시던 성경구절 등이 있었기에 나와 하나님과의 관계가 이렇게 유지되어 가고 있고, 우리 가정에 하나님께서 복을 내려 주시는 것 같다. 어쨌든 나의 신앙생활의 뜨거움은 어느 정도인지는 모르겠으나 어머니로부터 시작되었고, 어머니 덕분에 달아올랐으며, 어머니 덕분에 끈을 놓지 않고 계속 유지하고 있다. 그래서 나는 어머니를 이렇게 기억하고 싶다. 나를 낳아 주시고 키워 주신 어머니이자 나를 하나님께 소개해 주신 분으로…. 내가 어렸을 때 그분이 보여 주신 믿음, 소망, 사랑이 아니었다면 이러한 간증문조차 용기 내어 쓰지 못했을 것이고 미지근하지만 그래도 지속되고 있는 현재 신앙생활도 없었을 것이다. 지금도 그분은 천국에서 나와 우리 가정을 위해 나에게 어렸을 때 보여 주셨던 찬송과 기도를 하고 계실 것이다. 그래서 나는 이 간증문을 나의 간증문보다는 어머니의 간증문으로 하고 싶다. 어머니의 신앙으로 말미암아 후세들이 이렇게 복을 받고 신앙생활을 유지하고 있기 때문이다.

끝으로 내가 어릴 때 어머니께서 자주 들려주시던 성경구절로 이 글을 마무리하고자 한다. 지금도 어려울 때면 이 구절을 되뇌곤 한다.

"두려워하지 말라 내가 너와 함께 함이라 놀라지 말라 나는 네 하나님이 됨이라 내가 너를 굳세게 하리라 참으로 너를 도와 주리라 참으로 나의 의로운 오른손으로 너를 붙들리라(이사야 41:10)."

인생의 크고 작은 터널과 우주의 하나님

정성환 (컴퓨터공학과 교수)

부친의 하나님

내가 태어나기 오래 전에 나의 아버지는 건축업을 하셨고, 한 도시에 작은 교회를 건축할 기회를 갖게 되었다. 교회를 건축하는 동안, 아버지는 우연히 현지 교인들과 그들이 믿는 하나님에 대해 호기심을 갖게 되었다. 특히 매일 새벽 완성되지도 않은 교회 건물에 사람들이 나와 기도하는 그들의 열정적인 모습이 처음에는 이상하게 보였다. 그러나 진지하게 관찰한 결과, 그들의 사랑과 헌신은 순수한 것이었다. 아버지는 그 일을 계기로 기독교라는 종교에 대해, 우주에 대해, 창조주와 그분의 존재에 대해 깊이 생각하는 기회를 갖게 되었다. 마치 자신이 철학자가 된 기분이었다고 하셨다. 아버지는 수많은 생각과 정신적인 고뇌와 갈등 끝에, 결국 하나님의 존재를 받아들였고 예수 그리스도를 개인의 주님으로 영접했다. 그 사건은 우리 집안에 큰 전환점이 되었다.

그 당시의 사회나 지역공동체의 정서로 보았을 때, 예수를 믿기로 결심한 아버지의 결정은 대단한 것이었다. 그것은 결코 쉬운 결정이 아니었다. 왜냐하면 그 당시에 예수님을 믿는다는 것은 모든 친척과 지역사회로부터의 배척과 단절을 의미했기 때문이었다. 아버지는 담대하게 좁은 길과 좁은 문을 선택하셨다. 오늘날 우리 사회에서는 예수님을 믿기로 결심하는 것이 어렵기는 하지만, 그 당시만큼 어렵지는 않다. 왜냐하면 믿음을 갖는 것이 대부분의 경우에 자신들에게 달려 있기 때문이다.

선함을 위한 노력

아버지의 믿음 덕분에 나는 어려서부터 기독교적인 가정환경에서 성장했다. 따라서 교회의 예배형식과 대부분의 기독교인들의 활동과 문화에 익숙했다. 가족과 함께 매 주일 교회에서 예배하고, 어려서부터 많은 성경 이야기와 설교를 들어왔다. 모든 종교적인 삶과 훈련들이 하나님을 이해하는 데 어느 정도는 도움이 되었다. 그러나 그것이 나의 속사람을 진정으로 바꾸지는 못했다. 사람들은 나를 믿음이 좋은 신앙인으로 생각하곤 했다.

기독교 공동체에서의 삶은 나의 전 생애에서 중요한 부분이었다. 즉, 나는 수년 동안 매 주일 교회에 출석하고, 성경을 읽고 기도하며 착실하게 살아왔다. 그렇게 나는 선하게 살려고 노력했지만, 실제로 항상 나의 마음속에 보이지 않는 죄책감이 있음을 알았다. 하나님을 기쁘시게 하고 천국에 확실하게 가려면, 선한 무언가를 늘 해야 한다고 생각했다. 그러나 항상 부족한 나 자신을 발견하게 되니 자연히 죄책감이 들 수밖에 없었다.

삶의 목표와 공허함

실제로 내가 소년이었을 때, 큰 힘을 가진 부자들이 부러워서 그렇게 되는 것을 삶의 목표로 삼았다. 그러나 어느 날 힘을 가진 부유한 대부분의 사람들의 삶이 진정으로 행복하지 않다는 사실을 깨닫게 되었을 때, 나는 이러한 목표를 내려놓게 되었다. 그 이후에는 과학 과목을 좋아했기에 과학교사나 과학연구소의 연구원이 되는 것을 실제적인 장래 목표로 삼았다. 이러한 목표를 위해 열심히 공부했고 그 결과, 대학에 들어가게 되었다. 그 당시에 대학생의 수는 상대적으로 매우 적었고, 대학에 들어간다는 것은 이미 직장을 보장받은 것이나 다름이 없었다. 그러나 여전히 나는 피상적인 그리스도인으로 살고 있었고, 삶의 현실적인 목표는 어느 정도 이루었지만 마음속에 공허함은 여전히 남아 있었다.

하나님의 선물

여유로운 대학 초년 어느 봄날에 강의실로 찾아온 한국대학생선교회(CCC: Campus Crusade for Christ) 선배들이 말한 '삶의 여정에서의 세 번의 만남' 메시지(부모님, 배우자, 예수님)에 호기심이 생겼다. 나는 CCC에서 하는 캠퍼스 성경공부 모임에 참석하게 되었다. 어느 날 로마서를 같이 공부하는 중에, 5장 8절의 구절이 눈에 들어왔다.

"우리가 아직 죄인 되었을 때에 그리스도께서 우리를 위하여 죽으심으로 하나님께서 우리에 대한 자기의 사랑을 확증하셨느니라(로마서 5:8)."

이 구절을 깊이 묵상하는 순간, 마치 화살이 과녁에 박히듯 나의 마음 속 깊은 곳에서 깨달음이 찾아왔다. 하나님은 우리의 아버지시며, 우리가 아직 죄인인 이 순간에도 이미 천국을 위해 필요한 모든 것을 이루어 놓으셨다는 사실을 알게 되었다. 내가 해야 하는 유일한 일은 하나님의 선물인 예수 그리스도를 개인의 주님으로 인정하는 것이었다. 즉, 예수님에 대해 지식적으로 아는 것이 아니라, 그분과의 실질적인 삶의 관계를 갖는 것이었다.

나는 그 자리에서 진지하게 기도했다.

"예수님, 저는 주님이 필요합니다. 저는 주님을 단순한 지식으로가 아니라 진정으로 믿기 원합니다. 저를 도와주세요. 지금 저는 예수님을 저의 주님으로 영접합니다. 실질적으로 삶의 주님이 되어 주시기를 원합니다. 저의 죄를 위해 십자가에서 죽으심으로 저의 죗값을 이미 담당하여 주심에 감사드립니다."

그 이후로부터 나는 마음 깊은 곳에서 말로 설명하기 어려운 참 평화를 느꼈고, 그 평화는 이전에 내가 느꼈던 것과는 질이 달랐다. 그 사건은 나의 삶에서 큰 전환점이 되었다.

그 이후에도 삶의 물리적인 환경은 크게 달라지지 않았다. 나에게도 다른 사람들과 마찬가지로 삶에서 어려운 고통의 시간이 있었다. 어떤 때는 나에게 좋지 않는 일이 다른 사람들보다 더 많이 생긴다고 생각하기도 했다. 그래서 가끔 하나님께, "왜 납니까?, 왜 저죠?"라고 따지기도 했다. 그러나 나는 개인의 위로자, 구원자를 모시고 있음에 틀림이 없었다.

> "수고하고 무거운 짐 진 자들아 다 내게로 오라 내가 너희를 쉬게 하리라 (마태복음 11:28)."

이 말씀으로 위로를 받았다. 우리들의 부모님이 우리를 잘 알듯이, 하늘의 아버지는 우리를 위한 최선이 무엇인지 더 잘 알고 계신다.

우주의 하나님과 삶의 열차 여행

그때 이후로 한 그리스도인으로서의 삶의 여정이 시작되었다. 이것은 소년이 기차를 타고 전국을 여행하는 것과 같다. 나의 아버지는 기관사이시며, 나는 인생의 기차를 타고 여행을 즐기는 한 소년이다. 삶의 기차는 많은 마을을 지나가며, 종종 어떤 역에서는 멈추기도 한다. 나의 아버지가 창조주이며, 그분이 우주의 열차를 운행하시기에 오늘, 이 여행을 즐긴다. 비록, 때때로 기차는 인생의 어둡고 깊은 터널을 통과하는 중이어서, 그 끝을 볼 수 없을 때도 있다. 그러나 하늘의 아버지는 늘 나와 함께하신다. 물론, 나는 종종 어둠의 터널에 대해 염려하지만, 나는 하늘의 아버지께서 내 삶의 열차를 손수 운행하신다는 것을 알고 있다. 언젠가 이 지상의 삶이 끝날 때, 내가 탄 열차는 마침내 천국에 이를 것이다.

오늘 나의 열차는 이 글을 적고 있는 이 시간과 공간에 도착해 있다. 그리고 지금 독자 여러분과 만나, 나의 이 작은 삶의 이야기를 나눌 수 있는 기회를 갖게 된 것에 감사한다. 나에게 지금 있는 모든 것이 하나님의 은혜와 자비이다. 나의 작은 삶의 이야기를 통해 창조주, 하나님을 영화롭게 하고 싶다.

나는 여러분도 하나님께서 당신의 삶의 열차도 운행하시는 놀라우신 분, 우주의 주인이시라는 것을 알기 원한다. 당신의 삶 속에 하나님의 은혜와 보호가 항상 머물기를 기원한다.

주께서 꺾으신 뼈로 즐거워하나이다

정영애 (유아교육학과 교수, 학생처장)

사람마다 주님을 만난 길이 다를 것이다. 어떤 사람은 정말 힘들게
깨지고 부서지면서 만나고, 어떤 사람은 정말 평탄하고 복되게 만난다.
나는 전자의 경우였다. 자아가 강한 내가 하나님을 만나는 방법으로는
그 길이 가장 적합했던 것 같다.

변화

나는 불신가정에서 태어났다. 결혼 후 남편을 따라 교회에 다니기 시
작했다. 그러나 교회 문화도 낯설고 세상일에 바빠서 간신히 주일만 교
회를 갔다. 늦은 출산으로 컨디션이 좋지 않음에도 세상적으로는 열심
히 살았다. 원래 허약체질인데다가 연구와 강의는 물론이거니와 지역
사회 평생교육과 여성인권운동 등을 개척해 나가면서 육체적으로 완전
히 지쳐 있었다. 그러던 중 1996년 12월 겨울방학이 되었는데 정말 아
무 것도 안 하고 쉬겠다고 작정을 했다. 그런데 방학을 며칠 앞둔 어느
날 과로 때문인지 그 이유는 알 수 없었으나 밤에 자다가 화장실에 가
려고 깼는데 웬일인지 나는 침대 위에 서 있고 한 발 떼려는 순간 발가

락에 뭔가 걸리는 듯한 느낌과 함께 방바닥으로 고꾸라졌다. 일어날 수가 없었다. 얼마 후 일어났을 때는 중병을 앓고 난 사람처럼 몹시 힘이 없었다. 그리고 그날 밤 이후 나의 삶은 완전히 바뀌었다.

그 후로는 힘이 완전히 빠진 상태에서 죽음에 대한 공포와 두려움에 시달렸다. 병원에서도 별 이상을 발견하지 못했다. 그동안 알고 있던 그 어느 것도 아무런 도움이 되지 않았다. 그때서야 세상일에 바쁘고 세상에서 잘 나갈 때는 뒷전이었던 말씀을 비로소 찾게 되었다. 12월 23일 새벽 1시경 자다가 깼는데 또 전신이 막히는 듯한 갑갑한 증세로 고통을 겪으면서 남편에게 요한복음을 읽어 달라고 했다. 난생처음 말씀을 찾았다. 그 당시 나는 요한복음이 어떤 내용인지조차 몰랐다. 왜 요한복음을 읽어 달라고 했는지 모르겠으나 나중에 알고 보니 요한복음만큼 예수님의 성육신을 잘 드러내는 말씀은 없었다. 성령님께서 친히 인도하셨던 것이다. 남편도 어려서부터 교회는 나갔으나 성경을 제대로 읽은 것은 그때가 처음이라고 했다.

사랑하는 내 딸아

이러한 일이 있고 한 달이 흘렀다. 서울의 가족들은 서울에 있는 큰 병원에 가서 어디가 문제인지 샅샅이 검사해 보자며 나에게 올라오라고 성화였다. 그런데 나는 갈 힘도 없었고 무엇보다도 가기가 싫었다. 그래서 난생처음 무릎을 꿇고 기도했다. "하나님 저 서울에 있는 병원에 가기 싫습니다. 제가 가야 하는 것인지 아닌지 인도해 주세요." 이렇게 어린아이처럼 터무니없는 기도를 했는데 주님은 마치 기다리셨다는 듯이 즉각 응답을 하셨다. 그 말이 떨어지자마자 예수님께서는 마치 영화의 한 장면처럼 흰 옷을 입고 내 앞에 나타나셔서 빛으로 다가오시며 "사랑하는 내 딸아 네 영혼이 평안하다"라고 말씀하시는 것이었다. 나는 그 당시 하나님과 예수님의 차이도 몰랐다. 게다가 '영혼의 평안함' 같은 용어는 꿈에서도 생각하지 못할 만큼 생소한 용어였다. 더군다나 "사랑하는 내 딸아"라는 이런 호칭은 전혀 상상조차 할 수 없는 용어였다. 나중에서야 말씀을 보니 혈루증 앓는 여자에게 "딸아"라고부르신 것을 알게 되었다. 나는 몰랐으나 정말 그때 나에게 필요했던 것은 죄 사함과 영혼의 평안이었다. 그것을 주님께서는 말씀하셨던 것이다.

그렇게 주님을 만난 후 더 이상 생각할 여지없이 병원에 가지 않기로 작정했다. 그리고 1997년 1월 1일부터 가정예배를 드리기 시작했다. 가정예배에 대해서는 그 누구에게도 들은 바가 없었다. 성령님께서 인도하셨던 것이다. 그 후로는 오직 말씀만 보는 삶이 시작되었다. 고꾸라질 때 머리가 어떻게 되었는지 귀에서는 소리가 나고 머리가 아파서 책은 물론 신문, TV조차 볼 수 없었고 누구와도 대화할 수 없는 상태였는데 신기하게도 성경만 볼 수 있었다. 평소에는 읽어도 전혀 이해할 수 없던 말씀이 이해가 되는 것은 물론이거니와 생명이 돼서 나의 영과 혼과 골수와 관절을 찔러 쪼개는 것이었다. 하나님의 말씀은 살아 있었고 운동력이 있었다.[2] 긴 말씀도 외우려고 노력하지 않았는데도 그냥 외어졌다. 그리고 필요할 때마다 그 말씀이 생각 나서 위로가 되고 두

---

2 하나님의 말씀은 살아 있고 활력이 있어 좌우에 날선 어떤 검보다도 예리하여 혼과 영과 및 관절과 골수를 찔러 쪼개기까지 하며 또 마음의 생각과 뜻을 판단하나니(히브리서 4:12).

려움에서 벗어나게 하는 힘이 되었다.

그러나 영혼의 평안이 그렇게 쉽게 얻어지는 것은 아니었다. 말씀을 읽거나 집과 교회에서 예배드릴 때는 말할 수 없을 만큼 평안했다. 특히 가정예배는 매일매일 작은 부흥회였다. 하나님의 임재로 늘 눈물 바다를 이루었다. 그러나 그렇지 않을 때는 죽음의 두려움과 싸워야 했다. 치열하게 영적전쟁을 했다. 그 전쟁에서 말씀과 기도만이 무기였다.

믿음의 선택

개학을 앞두고 서울로 가서 진찰을 받았다. 의사는 회복 단계라고 별다른 처치를 하지 않았다. 학교에 가는 것도 회복에 도움이 된다고 했다. 그러기에 조급한 마음이 생겨 한약을 먹었다. 그런데 아는 의사가 잘 처방해 준다고 하면서 지어 준 그 약이 체질에 대한 오판으로 잘못되었다. 두 번 먹고 거의 죽을 뻔했다. 방법이 없었다. 서울의 한 의사가 권하는 대체의학에 매달렸다. 그러던 중 어느 날 내가 죽은 꿈을 꾸었다. 황폐한 동굴에 투명한 인간들이 옹기종기 모여 있는데 한 명씩 불려 나가는 꿈이었다. 꿈에서 깬 후 나는 두려웠다. 곧바로 무릎을 꿇었다. "하나님, 저를 중년에 데려가지 마세요. 제 영혼이 그렇게 버려지는 것이 정말로 두렵습니다. 그리고 지금 하나님 앞에 갔을 때 내놓을 것이 하나도 없습니다." 이런 기도였다. 나는 그래도 지금까지 착하게 살려고 노력했고 또 평소에 내가 힘들더라도 봉사도 열심히 했다고 생각했는데, 그런 것은 나의 죄에 대한 구원 앞에 아무 것도 아니었다.

사람이 살다가 최후로 맞이하는 것은 결국 영혼구원의 문제였던 것이다. 그때 히브리서 10장 37절과 38절 말씀[3]이 나를 완전히 사로잡았다. 나에게 곧 오실 주님을 맞이하기 위해 세상 어떤 방법도 의지하지 않고 온전히 주님만 의지하기로 결단했다. 그러고는 마지막으로 의지했던 한 대체의학의 치료를 중단했다.

성령세례

며칠 후 나는 성령세례를 받았다. 기도 중 기도가 이상한 말로 바뀌기 시작했다. 나는 방언을 들어본 적도 없었고 사모하거나 구해 본 적은 더욱 없었다. 그런데 방언을 하기 시작했다. 그냥 기뻤다. 하나님이 살아 계시고 나와 함께하시는 증거라는 생각이 들었기 때문이다. 믿음이 없으니까 증거를 보여 주셨던 것이다. 방언의 종류가 일주일 동안 매일 바뀌었다. 그리고 성경을 읽을 때도, 찬송을 부를 때도 방언으로 했다. 진정한 평화가 찾아왔다. 영혼의 자유함과 평안을 맛보았다. 회개가 터져 나왔다. 예수님이 십자가에서 돌아가신 이유가 그 누구도 아닌 나 때문이라는 고백을 절로 했다. 영이 살아나기 시작했고 그러다 보니 육이 점차 회복되기 시작했다. 그 즈음 남편과 당시 10살 된 딸과 함께 매일 새벽기도를 나가기 시작했다. 병 낫기를 구하기 위해서가 아니라 평안과 기쁨과 감사함 때문에, 하나님을 만나는 기쁨 때문에 새벽기도에 나갔다. 새벽기도에서 묵상하는 하나님의 말씀은 꿀송이처럼

---

3 잠시 잠깐 후면 오실 이가 오시리니 지체하지 아니하시리라 나의 의인은 믿음으로 말미암아 살리라 또한 뒤로 물러가면 내 마음이 그를 기뻐하지 아니하리라 하셨느니라(히브리서 10:37-38).

달았다. 온 가족이 말씀으로 변화받기 시작했다.

의인은 믿음으로

그러나 나에 대한 연단은 거기서 끝나지 않았다. 2년쯤 지난 1998년 10월쯤 난소에서 물혹이 발견되었다. 크기가 컸기 때문에 바로 수술해야 한다고 해서 학기 중간이었지만 수술을 받기로 결정했다. 수술을 받으러 가기 전날 설상가상으로 교통사고가 났다. 마주오던 차가 난데없이 좌회전을 하면서 내가 탄 차를 들이받은 것이다. 하나님의 은혜로 다친 데는 없었다. 그러나 원래 쇠약해 있었는데 놀라기도 해서 일주일간 입원을 했다. 어차피 수술이 늦어졌기에 아예 학기가 끝나고 수술을 하기로 했다. 이렇게 뜻하지 않게 교통사고로 수술 날짜가 연기된 것 또한 하나님의 손길이었음을 나중에서야 알게 되었다. 12월 9일날 수술을 했는데 이는 막 자라기 시작하는 나의 신앙을 시험하는 시험대였다. 수술 전 진단과는 달리 난소암이었다. 비록 초기에 발견되었다고 하더라도 전신 호르몬과 관련되어 있기 때문에 안전하게 항암치료를 한 후 다시 개복해서 치료 효과를 봐야 한다는 것이었다. 수술에서 깨어난 후 그 소리를 들었을 때 정말 눈 하나 깜짝하지 않았다. 지금 내가 생각해도 놀라운 것이었다. 그만큼 2년 동안 강도 높은 신앙훈련을 받아 조금이나마 믿음이 생겼던 것이었다. '나를 죽음의 길로 보내시려면 하나님은 왜 지난 2년 동안 나에게 그렇게 많은 은혜를 베풀어 주셨

을까'라는 생각에 담대함이 생겼다. 또한 히브리서 말씀 10장 38-39절[4]
이 나를 붙들어 주었다.

여호와 닛시, 승리의 하나님

수술과 항암치료를 하는 동안 하나님께서는 성경말씀으로, 또는 급
할 때는 직접 말씀으로, 그리고 여러 경로로 연약한 나를 붙들어 주셨
다. 그래서 나는 이런 상황 가운데서 승리할 수 있었다. 심지어 경과가
좋아서 치료 후에 다시 개복수술을 하지 않아도 된다고 했다. 그리고
항암치료도 흔히 생각하듯 고통의 시간이 아니었다. 잘 먹고 마음 편하
고 그동안의 육체적 허약함을 회복하는 시간이 되었다. 그리고 무엇보
다도 영적으로 하나님을 깊이 만나는 시간이었다. "큰 산아 네가 무엇
이냐 네가 스룹바벨 앞에서 평지가 되리라"고 했던 스가랴의 말씀이 나
에게 이루어졌다. 또한 수술과 치료에 관한 모든 비용 또한 기가 막히
게 채워 주셨다. 어느 날 졸업생이 와서 내가 가지고 있던 연금보험을
변경하라고 하기에 다른 학과 졸업생이었지만 그 부탁을 거절할 수 없
어 별 생각 없이 들어줬다. 특약으로 무엇이 있는지조차 몰랐는데 암에
해당하는 보험이 있었다. 보험 변경 후 97일 만에 보험금을 수령했다.
만약 교통사고가 아니었더라면 90일 이전에 수술을 했을 것이고 그로
인해 보험수령이 안 되었을 것이다. 나의 모든 길을 책임지시는 하나님

---

4 나의 의인은 믿음으로 말미암아 살리라 또한 뒤로 물러가면 내 마음이 그를 기뻐하지 아니하리
   라 하셨느니라 우리는 뒤로 물러가 멸망할 자가 아니요 오직 영혼을 구원함에 이르는 믿음을
   가진 자니라(히브리서 10:38-39).

께서 수술 날짜가 연기되도록 기가 막힌 방법을 동원하셨던 것이다. 절묘했다. 여호와 이레 하나님께서 모든 것을 예비하시고 주도면밀하게 짜 놓으신 시간표 안에서 나는 다만 통과만 한 것이다. 사람 눈에는 죽는 길 같아도 하나님의 계획 속에서는 사는 길이었다. 만약 2년 동안 믿음의 훈련이 없었더라면 암 선고는 나에게 곧 죽음이었을 것이다. 그런데 담대함으로 잘 통과할 수 있었다. 또한 인간적으로 보면 가장 불행한 일을 겪는 중이었는데 기가 막히게도 우리 가족은 그 어느 때도 맛볼 수 없는 진정한 기쁨을 느낄 수 있었다. 존재 자체가 기쁘고 감사했다. 마침 그때 학교 규정까지 바뀌어 연구교수로 선정됨으로 치료 후 쉴 수 있었던 일 등 모든 것이 기이한 일 뿐이었다. 한마디로 할렐루야였다.

네 영혼이 평안하다

그 후로도 기이한 일은 많았다. 뜻하지 않게 2005년에 스탠포드 대학교 방문교수로 가게 되었다. 그것은 교수면 누구나 다녀오는 것과는 달랐다. 우리 가족 모두가 전혀 생각하지도 않았던 일이 일사천리로 이루어졌다. 가족을 향한 하나님의 뜻이 있었던 것이다. 그것은 훗날 간증할 수 있을 것이다. 2008년 건강검진에서 초기지만 갑상선암이 발견되어 수술을 또 하게 되었다. 두 번에 걸친 암과 완전 회복! 어떤 측면에서는 한편의 인간 승리의 드라마였다. 누군가는 나에게 불사신이라고 했다. 그러나 이것은 인간 승리의 드라마가 아니라 한 인간을 향한 하나님의 구원과 사랑의 드라마였던 것이다.

하나님이 모태로부터 내 인생을 아시고 구원 계획 아래 어느 날 밤 갑자기 기이한 방법으로 부르시고 말씀으로 양육하시며 없는 믿음을 키워서 모든 병을 이기게 하셨던 것이다. 그러고는 내 청춘으로 독수리처럼 새롭게 하셨다. 예수님의 십자가 승리가 곧 나의 승리였다. 믿음은 관념이 아니라 죽을 목숨도 살리는 능력이었다. 그리고 고난조차 나에게 유익이었다. 내가 주님의 율례를 배웠기 때문이었다. 그저 감사할 따름이다. 무엇보다도 더욱 감사한 것은 주님을 처음 만났을 때 약속하신 "사랑하는 딸아 네 영혼이 평안하다"를 성취하여 주신 신실하신 하나님이 바로 내 하나님 아버지라는 사실이다. 할렐루야!

"보라 내가 너를 연단하였으나 은처럼 하지 아니하고 너를 고난의 풀무 불에서 택하였노라 나는 나를 위하며 나를 위하여 이를 이룰 것이라… (이사야 48:10-11)."

하나님을 영접하면서 받은 큰 은혜

차용준 (식품영양학과 교수)

잊어버린 서원기도

지금으로부터 20년 전쯤 나는 병원 수술실 앞에서 하나님께 간절히 기도하고 있었다. 물에 빠진 사람이 지푸라기라도 잡는 절박한 심정으로 수술이 잘되고 무사하기만을 간절히 바라고 있었다. 이때 하나님께 서원했던 것이 '하나님, 이 사람을 완쾌시켜 주신다면 하나님을 믿겠습니다'였다. 그러고는 바로 하나님의 존재감을 잊어버렸다. 퇴원한 후 나는 곧바로 미국 루지애나주립대학교로 방문연구차 출국했다. 마치 아무 일도 없었던 것처럼 자연스럽게… 본연의 임무에 충실한 사람처럼….

실험이 막바지로 가고 있던 어느 날, 학교 도서관에 엎드려 잠깐 잠이 들었는데, 깨어 보니 허리가 아파 걸음을 걸을 수가 없었다. 병원에서 진찰을 받고 약을 지어 며칠 휴식을 취하여도 상태는 여전했다. 객지에서 왜 이런 고생을 해야 하는지 별의별 생각이 다 들었고, 문득 하나님께 서원한 기도가 생각이 났다. 그때까지만 해도 하나님과의 약속을 대수롭지 않게 생각했다. 그러나 내 몸이 움직이지 못하고 아프니 하나님의 존재가 무서워졌고 갑자기 온몸이 뜨거워지고 땀이 줄줄 흘러내렸다.

서원기도를 했다. "하나님, 돌아오는 주일날 교회에 꼭 나가서 하나님께 진정으로 기도드리겠습니다. 부디 이 몸을 한국에 돌아갈 때까지 돌보아 주시옵소서." 이것 외에는 다른 방도가 없었다. 이것이 최선이라는 생각뿐이었다. 그런데 다음날 걸어 다니는 데 아무런 지장이 없을 정도로 몸이 완쾌되었다.

막 쪄낸 찐빵

그해 9월 초에 귀국하여 강의하랴, 연구하랴 바쁜 나날을 보내고 있었다. 모든 것이 제자리에 예전같이 그대로 있는 것 같은 즐거운 생활의 연속이었다. 즉 하나님을 까맣게 잊어버리고 있었던 것이다. 그러나 인자하신 하나님과의 약속인 서원이 어떤 것인지를 아는 데는 그렇게 오랜 시간이 걸리지 않았다. 그해 12월의 종강까지는 그야말로 괴로운 시간의 연속이었다. 다시 허리가 아프기 시작했다. 병원과 한의원 및 침술, 민간요법 등 모든 것을 다 동원했지만 만물의 창조주 하나님이 우리의 모든 것까지 주관하신다는 것을 모르고 있었다.

"하나님이 자기 형상 곧 하나님의 형상대로 사람을 창조하시되 남자와 여자를 창조하시고 하나님이 그들에게 복을 주시며 하나님이 그들에게 이르시되 생육하고 번성하여 땅에 충만하라, 땅을 정복하라, 바다의 물고기와 하늘의 새와 땅에 움직이는 모든 생물을 다스리라 하시니라 (창세기 1:27-28)."

결국 즉시 수술을 하지 않으면 하반신이 마비된다는 진단을 받고서야 별 수 없이 병원에 입원했다. 그때만 해도 바로 누워서 잠을 잘 수 없을 정도로 아픔이 심해서 괴로웠다. 50m 정도의 거리를 걸어 갈 수도 없었다. 남들 보기에는 허우대만 멀쩡한 사람이었다.

수술 하루 전날 밤, 불이 꺼진 병실에서 나는 십자가를 보았다. 무서워서 불을 켜고 바로 앉아서 세 번째 서원기도를 드렸다. 유일하게 한 것은 오직 하나님께 매달리는 기도뿐이었다. 모든 두려움과 함께 인간이 너무나 나약한 존재란 것을 깨달았다. 그리고 이제 수술이 성공적으로 끝나면 하나님을 진짜 믿을 것이라고 기도했다. 하나님은 수없이 용서해 주시는 분이라는 것을 알았으며, 동시에 언젠가는 나를 치실 것이라는 무서움도 더해 갔다. 방학 동안 집에서 요양을 한 다음, 동료 교수들에게 하나님을 믿기로 했다고 공개선언을 했다. 이렇게 해야 나 자신의 신앙생활에 자극이 될 것이라고 생각했기 때문이었다. 성경 이외에 맨 먼저 접해본 서적이 『막 쪄낸 찐빵』(이만재 지음)이었고, 책을 통해 어쩌면 신앙을 접하는 사람들의 행로가 이렇게 비슷할까 하는 생각이 들었다.

믿음의 첫발

나 스스로 수영로교회에 나갔다. 진정으로 하나님의 존재를 알고서 나가는 첫 발걸음이었다. 목사님 설교나 찬송가를 부를 때는 마음이 떨렸다. 무엇인가 꽃가루를 흠뻑 뒤집어쓰고 나온 기분이었다. 이렇게 좋은 것을 나 혼자서 공유하는 것이 너무 아쉬웠다. 그다음 주일은 아내를 달래어 교회를 같이 나가려고 했다. 그러나 아내는 교회에 나가는 것을 거부했고 서로 다투기까지 했다. 아내는 하나님에 대한 불만이 심했다. 자연스럽게 교회에 나가는 사람과 안 가는 사람으로 나눠지니 우리 집안에서의 하나님은 언제나 부재중이었다. 그리고 나 자신도 교회에서만 성경책을 보고 찬송을 불렀지 교회를 벗어나면 한 주일 동안 성경책은 고스란히 잠을 자는 형편이었다. 나에게 하나님은 주일뿐이었다. 불꽃처럼 타오르던 신앙심이 성냥불같이 사그라지는 느낌이었다. 이렇게 하나님에 대한 믿음이 연약한 가운데 세월만 흘러갔다. 세상사에 묻혀 살면서도 단지 입으로만 하나님을 외치는 꼴이었다. 무엇인가 아쉬움이 많았다. 그리고 일 년이 흘렀다.

신앙훈련소

1995년 새해 초부터 새로운 각오로 하나님을 믿어야겠다는 생각이 들었다. 하나님의 존재감을 맛보았다고나 할까. 믿음을 굳건히 하기 위해서는 우선 가족교회를 형성하고 기도생활을 정착시켜야 한다고 생각했다. 우리 가족에게 하나님을 믿을 수 있는 계기가 있었으면 하는 기도가 자연스레 나왔다. 하기야 아내나 나나 하나님을 믿는 데 한 발자국을 들여 놓았지만 그 이상의 진전은 없었다. 그해 여름 미국 LA에서 개최된 학회에 부부가 함께 갔다. 여행 중에 서로가 진지하게 대화하면서 하나님에 대한 아내의 마음이 열리기를 바랐다. 분위기에 취한 것인지 때가 다가온 것인지, 그때부터 아내는 나와 교회를 같이 나가게 되었다.

그 무렵 무엇인가 계속해서 하나님의 세계에 대해 궁금하여 목이 말랐다. 그러나 방법도 그 무엇도 몰랐다. 기독교 서점에서 성경책을 사서 아내에게 선물했고 찬송 테이프도 사서 들었다. 마음이 즐거워졌다. 주일에 교회를 빠지고 다른 일을 하면 안 된다는 생각이 들기 시작했다. 성경을 조금씩 읽어 가면서 나 자신이 조금씩 변화하는 느낌은 있었지만 예수님이 나의 중심에 자리하고 계신다는 느낌은 잘 몰랐다. 가족교회가 형성되어야 복음이 완전히 우리 집에 자리할 것 같았다. 그러나 그때는 방법을 정말로 몰랐는데 하나님께서는 그 기회를 예비해 주셨다. 매년 방학 동안 나 홀로 미국에서 수행하던 국제공동연구를 이제는 1년 동안 방문교수로 가서 가족들과 함께 교회 중심으로 하고 싶다고 기도했는데 그 기도가 곧 응답된 것이다. 생각지도 않은 기대 이상의 경제적 혜택과 특혜와 함께, 학문적으로는 미국화학회를 통한 책 출판, 평소보다 더 많은 논문 및 학회 초청연사로 연결되는 내 전공 분야에서 한 단계 더 도약하는 기회가 열려 있었다.

사실 미시시피 주립대학교가 위치한 스타크빌은 아주 작은 도시로 학교와 교회밖에 없었다. 아마 내가 생각하기로는 하나님께서 너희 가족은 다른 생각은 하지 말고 이곳에서 신앙훈련을 하라고 명령하신 것 같았다. 공부를 하러온 것인지 교회에 다니러 온 것인지 구분이 안 갈 정도로 구역예배 및 성경공부를 열심히 했다. 처음으로 눈물 콧물까지 흘리며 통성기도를 했다. 그러고 나면 왜 그렇게 가슴이 후련하고 즐거웠는지…. 지금 생각하면 마가의 다락방과 진배없었다. 깡촌같은 스타크빌에 주일에 모이는 성도들은 대략 40여 명이였으나 항상 따뜻한 온기가 느껴졌고, 우리 부부는 이러한 분위기 속에서 하나님에 대한 경외의 마음이 생기기 시작했다. 우리 부부는 스타크빌 교회를 신앙의 논산 훈련소라고 칭했다.

내일 일은 난 몰라요

성경공부 도중 하나님에 대한 체험담과 서로의 느낌을 나누면서 우리 부부는 신앙의 지식을 조금씩 쌓아 갔으며, 성경 읽기와 기도 및 묵상이 제법 체계를 이루면서 자리를 잡아갔다. 우리 부부는 교회의 서고에 꽂혀 있는 신앙 간증서와 성경 관련 서적을 밤을 새워 가면서 읽었다. 우리의 마음은 하나님 아버지를 영접할 준비가 되어 있었다. 지금 생각해 보면 참으로 한국의 일상생활에서는 불가능한 일이 일어나고 있었던 것이다. 전공서적을 뒤로 하고 성경책을 먼저 읽는다는 것은 나에게는 큰 변화였다. 또한 의자나 침대에 앉아 밤늦게까지 성경과 신앙서적을 읽고 있는 아내의 모습을 보는 것은 더욱 큰 변화였다. 2박 3일간의 신앙수련회 캠프에도 참석했는데, 여기에서 나는 찬송가를 부르면서 처음으로 눈물을 흘렸다. 훗날 교회에서 복음성가인 "내일 일은 난 몰라요(I don't know about tomorrow)"를 부를 때는 눈물이 끊임없이 흘러내렸다. 아마 이것이 서서히 변해 가는 조짐이었으리라. 그리고 성경 구절을 암송하라면 자신이 없을 텐데 하계수련회 덕분에 "여호와는 나의 목자시니 내가 부족함이 없으리로다"로 시작하는 시편 23편 말씀을 외웠다. 수련회에서 밥을 먹을 때마다 배식대 앞에서 목사님께 한 사람씩 차례로 성경구절 암기를 확인받아야 밥을 먹을 수 있었다.

믿음의 고백, 세례식

신앙수련회 캠프를 다녀온 후에는 성경 읽기를 무엇보다 우선시했다. 그리고 모든 일을 기도와 함께 시작했다. 학교에 가서도 하루 일과를 기도와 묵상으로 열었다. 하나님이 모든 것의 중심이라는 사실을 알게 되었고 또한 믿게 되었다. 게으름을 조금씩 피웠지만 세례를 받을 준비를 차근차근 했다. 두 달 정도 성경공부를 한 뒤에 96년 7월 21일 주일날 아침 우리 부부는 세례를 받았다. 그러니까 내가 병원 수술실 앞에서 무작정 하나님을 믿겠다고 서원 기도를 한 후 진정으로 주님을 영접하기까지 우리 부부는 2년이라는 세월이 걸렸다.

다음은 세례받은 날 아침 일찍 일어나 쓴 글로, 하나님과 여러 성도들 앞에서 맹세한 편지이다.

⟨세례를 받으면서⟩

지난 40여 년간의 세월 속에서 인간으로서 이루고 못 이루고 한 것이 무수히 많았지만 하나님의 말씀을 알고 공부하기 시작함으로써 모든 것이 주님의 안배에 의해 이루어진 것을 알게 되었으며 무엇보다 마음의 평온함과 기쁨을 얻게 된 것이 우리 예수 그리스도의 첫 번째 선물이라 생각합니다.

특히 이곳 스타크빌 한인교회에서 박희규 목사님의 인도로 성경공부를 함으로써 하나님과 인간과의 단절된 관계가 예수님을 통해 회복될 수 있음을 알게 되었고, 예수 그리스도를 나의 주인으로 받아들임으로써 하나님이 우리에게 주신 영생으로 인한 구원의 확신과 구하면 얻을 수 있는 기도응답의 확신, 모든 시험과 유혹으로부터 승리할 수 있는 확신과 알게 모르게 지은 죄로부터 하나님이 사죄하여 주신다는 사죄의 확신, 마지막으로 여호와를 인정하고 의뢰함으로써 나의 길을 지도하여 주신다는 인도의 확신을 믿음으로 알게 되었습니다.

앞으로 우리 부부는 이러한 믿음 속에서 자신의 달란트를 찾고 계발하여 주 예수 그리스도의 계명 아래에서 하나님이 인도하시는 사업에 하나의 시금석이 될 것입니다.

1996년 7월 21일 주일날 아침, 스타크빌 한인교회에서

2부
ㅣ

교수선교회 발자취

ⓒ 이예람

교수선교회 역사 (1)

이영길 (영어영문학과 명예교수, 초대 회장)

창원대학교 교수선교회 창립 20주년을 축하하면서 예전에도 우리와 함께하셨고 지금도 함께하시는 하나님께 찬양을 올려 드린다. 또한 당시에 뜨거운 가슴으로 하나님을 사랑하고 우리 창원대학교 교수와 학생들에게 복음을 전하지 않고는 견딜 수 없는 열심으로 불타던, 존경하는 교수님들과 그리스도의 참 제자이며 동시에 우리의 사랑스러운 제자였던 학생들을 떠올리며 가슴 뭉클한 감동과 감사를 다시금 느낀다.

평소 학원복음화와 학원 내 각종 이단의 침투를 염려해 오던 중, 이경희, 이지훈, 노명현, 동성식, 염재상, 정성환, 김봉수 등의 교수님들이 1993년 9월 21일 교수선교회를 조직하기로 뜻을 모으고, 마침내 10월 12일 김영경 목사님을 강사로 초빙하여 '창원대학교 교수선교회' 창립 예배를 드렸다. 예배 후 회원 45명이 참석한 창립 총회에서 본인을 회장에, 동성식 교수를 총무로 선출함으로써 창원대학교 교수선교회가 공식 발족했다.

선교회가 조직된 이후로 부단히 계속해 온 것은 성경공부였는데, 주로 화요일 점심시간을 이용했고, 10여 명이 참석했으며, 한 학기 안에 끝낼 수 있는 정도의 교재를 선택했다. 장소는 인문대학에서 그리고 나중에는 자연대학 그리고 공과대학의 빈 강의실이나 실험실을 이용했다. 모임을 위한 좋은 장소가 없어 불편하기도 했지만 간절히 사모하면서도 강의 때문에 참석하지 못하는 분들도 있었다.

말씀과 친교의 시간에 때로는 교수님들의 연구 발표도 있었고 간증도 있었는데 이경희 교수님의 교리 강연과 김인철 교수님의 찬양에 관한 발표는 매우 유익하고 감명적이었다. 그리고 동성식 교수님과 정영애 교수님 그리고 이광민 교수님의 간증은 정말 감격스러웠다.

성경공부 시작 전에 염재상 교수님이 인도하는 은혜로운 찬양 시간이 있었는데 짧지만 모두의 마음을 여는 감동이 넘치는 시간이었다. 성경공부가 끝나면 함께 식당에서 식사를 하기도 했고 김밥을 준비해서 나누어 먹기도 했다. 한 학기에 한 번쯤은 야외에서 찬양집회를 하고 식사도 함께했는데 이때는 평소보다 많은 교수님이 참석하곤 했다.

야외예배 – 찬양과 기도,
김민정 교수님(유아교육과)의 간증

교수선교회가 발족한 이후 매 학기마다 개강예배와 종강예배를 계속 드렸다. 1994년 1학기 개강예배는 3월 17일에 드렸는데, 새순교회 박영호 목사님을 강사로 모셨고, 6월 14일 종강예배에는 노명학 목사님을 강사로 모셨다. 94년 2학기 개강예배에는 서머나 교회 이상렬 목사님을 강사로 9월 8일에 개강예배를,

그리고 12월 5일에 종강예배를 드렸으며, 이후 95년도에는 배효진 목사님(창원중앙교회)을 강사로 3월 23일에 개강예배를, 그리고 장영돈 목사님을 강사로 6월 22일에는 종강예배를 드렸다. 이와 같이 매 학기마다 개강예배로 한 학기를 시작하고 종강예배로 학기를 마치면서 그때마다 지역의 여러 교회 목사님들을 강사로 초청하여 지역 교역자들에게 학원복음화의 필요성을 알렸다. 때로는 강사 목사님이 시무하는 교회의 찬양팀이 예배에 함께하여 찬양을 하기도 했다.

특히 예배시간에 '창원대학교 기독합창반'에서 가끔 찬양으로 하나님께 영광을 돌렸는데 '창원대학교 기독합창반'은 음악과 이근택 교수님의 지도 아래 크리스천 학생들로 구성된 합창단으로 일찍이 동광교회, 문창교회 등 여러 지역 교회를 순방하며 찬양을 통해 하나님께 영광을 돌리고 우리 대학을 알리는 일에 크게 기여했다. 이 행사를 위해 교수선교회에서는 물심양면으로 후원하려고 노력했다. 그리고 단체 혹은 개인이 특별 찬양으로 하나님께 영광을 돌릴 때는 참석한 교수와 학생들에게 큰 감동을 주었는데 음악과 이광민 교수님과 김유섭 교수님의 은혜로운 찬양은 특히 더 감격스러웠다.

그런데 이 예배시간에 항상 아쉬웠던 것은 과거 마산대학교 시절 재학생이 현재 창원대학교 재학생 수와는 비교도 안 될 만큼 적은 수였지만 종강예배 때 강당을 거의 채웠던 일을 생각하면 창원대학교에서는 개강, 종강예배 때마다 그 인원이 100명도 넘지 못했던 일이었다.

언젠가 내 강의를 수강하는 영문과 학생들만이라도 전원 참석시키려고 "Amazing Grace"와 "God Is So Good"을 연습시켜서 2005년 6월 2일(목) 종강예배 시간에 참석하도록 했는데, 28명이 참석하여 특별찬양을 했던 일이 기억에 남는다.

개강예배와 종강예배 장소로는 사회과학관 계단강의실을 주로 사용했는데 간혹 주변 강의실에서 강의가 있는 경우 찬양을 하는 것이 방해가 될 것 같아서 나중에는 학군단 강의실을 사용했다. 사용의 편의를 주었던 학군단에 감사를 드린다.

교수선교회에서 했던 행사 가운데 잊을 수 없는 것은 1994년 2월에 송길원 목사님을 강사로 부산 동래 명상의 집에서 39명이 참석하여 1박 2일간 부부 세미나를 했던 일이다. 준비하는 과정에서 동성식 총무님이 많이 수고하셨는데 참석했던 교수님 내외분들에게 소중한 추억이 되었을 줄 믿는다. 이 행사에 크리스천이 아닌 교수님도 참가했는데 큰 감동을 받았다고 했다. 같은 해 5월 7일에는 교수선교회 가족 등반 대회도 했었다. 그리고 부곡 온천에서 부부와 자녀들이 함께하는 유익한 시간도 가졌다.

교수선교회를 발족하면서 회원 전원이 자동으로 회비를 공제하도록 경리과에서 편의를 제공해 주었고 선교회에서는 회비 중에서 일부를 장학금과 선교비로 사용하기로 했다. 큰 액수는 못 되지만 하나님의 영광을 위해 귀하게 사용되고 있을 것으로 믿는다.

끝으로 우리 창원대학교 교수선교회 창립에 함께했던 믿음의 형제자매 여러 분들께 진심으로 감사를 드리며 현재 그리고 앞으로도 그리스도의 마음으로 우리 창원대학교를 품고 기도하며 선교하는 사역에 함께하실 모든 창원대학교 교수선교회 회원 교수님들께 하나님의 사랑과 복이 넘치기를 기원한다. 그리고 어떤 분야에서나 그리스도의 참된 제자로 살아가려고 노력하는 그리스도의 제자이자 또한 우리들의 사랑하는 제자들에게도 하나님의 은총이 함께하기를 기도한다.

2013년 7월

교수선교회 역사 (2)

동성식 (불어불문학과 교수, 9대 회장)

창원대학교 교수선교회는 1993년 10월에 정식으로 발족했다. 그러나 이전 마산교육대학 시절부터 몇몇 기독교수들이 '밀알회'라는 이름으로 정기적인 모임을 가졌다고 한다. 그러나 안타깝게도 발전적으로 지속되지 못하고 해체되었고, 그 후 10여 년의 세월이 흘렀다. 1987년 전두환 정권의 호헌조치에 반대하여 전국적으로 민주화 바람이 불었고, 우리 대학에서도 13명의 교수들이 민주화를 위한 서명에 참여했다. 그런데 그 이듬해부터 서명했던 몇몇 젊은 교수들이 뜻밖에도 몇 달 간격으로 한 사람씩 회심하여 기독교인이 되기 시작했는데, 얼마 후 새로 믿게 된 그 교수들(염재상, 동성식, 이지훈 교수 등)과 과거 '밀알회'로 활동했던 선배 교수들(이영길, 이경희, 노명현 교수 등)을 중심으로 대여섯 명이 자연스럽게 함께 성경을 공부하고 기도하기 시작했다.

이 기도모임이 4년여 지속되는 동안, 참여 교수가 점점 늘어나서, 93년 2학기에 정식으로 선교회가 출범하게 되었다. 그 당시 초대 회장이셨던 영문과 이영길 교수와 총무였던 불문과 동성식 교수가 선교회 창립발기문과 입회원서를 들고서, 기도하며 일일이 교수연구실을 방문하여 40여 명의 회원을 확보했다. 현재 약 60여 명의 교수들이 회원으로 활동하고 있으며, 학내 교수 모임 중에서 가장 큰 규모이다. 명칭을 교수신우회라고 하지 않고 교수선교회라고 한 이유는 모임의 성격을 회원 간의 친목이나 교제도 중요하지만 더 본질적인 캠퍼스 복음화에 초점을 맞추기 위해서였다. 따라서 회비 운용도 다만 회원 직계가족의 친상의 경우에만 조의를 표하고, 하나님이 기뻐하시는 선교비, 구제비, 예배비에만 집중적으로 사용하기로 했다. 다행히 지난 20년 동안 초심을 잃지 않고 잘 운영되고 있다.

그간의 교수선교회가 주도했던 사역은 대략 다음과 같다.

먼저 매학기 개강과 종강예배를 건전한 5-6개 학생선교단체들 및 직원신우회와 함께 연합예배 형태로 경남과 부산의 저명한 목사님을 강사로 초빙하여 드리고 있다. 본교 출신의 해외선교사들과 선교훈련자들을 기도와 물질로 매년 후원하고, 학생선교단체들의 선교행사에도 지원하고 있다.

구제와 장학 사역으로 창원과 마산 지역의 무의탁 독거노인과 소년가장들과 경남장애인 단체를 지원했으며, 회비를 절약하여 조성된 기금으로 매년 6명의 재학생들에게 50만 원씩의 장학금

2008년 3월 사림관 강당에서 연합개강예배를 드리는 모습(강사 정필도 목사)

을 지급했는데, 재작년에 1000만 원을 돌파하여 대학 본부가 감사의 표시로 기념동판을 명예의 전당에 부착한 바 있다. 특별히 지급대상을 기독학생들에게 한정하지 않고, 학과장 추천을 받은 형편이 어려운 소년소녀가장, 결손가정의 학생들을 중심으로 선발하여 하나님의 사랑을 실천하고 있다.

교수선교회의 정기적인 모임은 매학기 평균 12회 정도 한다. 매주 화요일 12시에 모여 찬양을 하고 성경공부와 기도시간을 가진 후 함께 애찬을 나누며 교제한다. 특히 한두 번 정도는 교내의 아름다운 자연 속에서 야외찬양과 간증 특별모임을 한다.

20년 동안 있었던 행사 중, 특별한 것 몇 개만 소개하자면, 94년 2월에 송길원 목사의 인도로 교수부부 세미나를 1박 2일로 개최했던 것과, 9월에 연세대학교 김형석 교수를 초청하여 신앙 특강을 한 것이다.

매년 방학 중에 개최되는 전국기독교수선교대회에 회원 다수가 참여하고 있으며, 몇 년 전에 출범한 부울경(부산·울산·경남)교수선교대회에도 참여하고 있다.

특히 2004년 2월에 선교회 창립 10주년 기념행사로 제1차 성지순례(이스라엘, 이집트, 터키)를 20여 명의 회원들과 가족들이 은혜롭게 다녀왔다. 이 행사는 몇 년 동안 물질적으로 준비하고 영적으로 기도하면서 1년 동안 성경지리를 공부하며 준비했기에 더 의미가 있었다.

2008년부터는 12월 학기말마다 학내 교수님들을 초청하여 함께 식사를 하면서 "음악이 있는 송년의 밤"을 개최하여 학내 구성원들에게 호평을 받았다. 그밖에 신임교수들을 위해 축하와 환영의 방문을 하고 작은 선물도 주는 축복행사도 꾸준히 하고 있다.

2013년에는 초·중등학생과 대학생들에게 복음을 전하고 그들을 바르게 가르치고 인도하기 위한 전국적인 기도회인 HGE(Holy Generation in Education) 모임이 최초로 창원에서 개최되었다. 교수선교회가 중심이 되고 창원 기독교계와 교육계 관계자들이 연합하여 성공적으로 개최한 이 뜻 깊은 행사는, 특히 24시간 릴레이 기도와 예배를 통해 이 지역사회의 영성 회복과 부흥의 초석을 쌓는 성과를 이루었다.

이제 창립 20주년을 맞이하여 교수선교회는 하나님이 더욱 기뻐하시는 사역을 모색하고자 한다. 그 일환으로 교수 간증집을 펴 내고, 제2차 성지순례도 계획 중에 있는데, 지난 20년뿐만 아니라, 앞으로도 이 모든 과정에 함께하시고 인도하시는 하나님께 영광을 돌린다.

1998년, 1박 2일 가족캠프

노명현 (영어영문학과 교수, 4대 회장)

교수선교회 회장을 맡고서 무엇인가 색다른 사업을 구상하다가 1박 2일 가족캠프를 한번 추진해 보면 어떨까 하는 생각이 들었다. 그래서 곧바로 계획에 착수하여 1998년 1월 8-9일 지리산 일성콘도로 가족캠프를 가기로 결정했다. 예배, 찬양, 간증, 교제 등으로 프로그램을 짜고 함께 기도하며 차근차근 준비해 나갔다.

그런데 문제가 생겼다. 행사 하루 전날 눈이 많이 온다는 일기예보가 있었고 실제로 경남에서는 보기 드물 정도로 눈이 내렸다. 그래서 이 일정을 취소해야 할지 그대로 강행해야 할지 판단하기가 쉽지 않았다. 서부경남 지역에는 더욱 많은 눈이 내려서 교통이 통제된 상황이었고 교통통제가 없더라도 지리산까지 가는 것은 불가능해 보였다. 하는 수 없이 행사 당일에 장소를 부곡일성콘도로 바꾸고 참가하는 회원들에게 연락을 했다. 날씨 때문에 참여하려고 했던 몇 가정이 불참을 통보해 왔지만, 기대를 갖고 기도로 준비해 왔던 교수님들 가정은 행사를 추진하면 참가하겠다며 격려의 말씀을 해 주셨다. 그렇게 해서 참가한 가정은 이영길 교수님 부부, 동성식 교수님 가정, 정성환 교수님 가정, 차용

준 교수님 가정, 안철진 교수님 가정 그리고 우리 가정이었다.

눈 때문에 운전하는 데는 어려움이 있었지만 온 세상이 하얗게 덮인 경치는 무척 아름다웠다. 창조주 하나님께서는 더럽혀지고 추해진 세상을 백설로 덮어 아름다운 세상으로 바꿀 수 있으신 분이라는 생각이 들었다. 곧바로, 아래의 말씀이 떠올랐다.

"… 너희 죄가 주홍 같을지라도 눈과 같이 희어질 것이요…(이사야 1:18)."

이 눈이 녹으면 세상은 다시 있는 그대로의 모습을 드러내겠지만 우리 하나님께서는 우리의 온갖 추하고 악한 모습을 다 도말해 주시고 기억조차 하지 않으시겠다는 말씀이 은혜로 다가왔다.

가정별로 각자의 차량을 이용하여 부곡에 도착했다. 그리고 개회 예배를 드린 후 일찍이 저녁을 먹으며 담소를 나누었다. 눈이 와서 이동하는 데는 불편했지만 분위기는 오히려 정말 좋다고 했다. 오늘 밤에 분명히 하나님께서 큰 은혜를 부어 주실 것이라는 기대감으로 모두가 부풀어 있었다. 저녁 식사 후에 서로 소개하는 시간을 갖고 이어서 함께 찬양하는 시간을 가졌다. 가정별로 돌아가면서 하나님의 은혜에 대한 감사와 기쁨을 찬양과 율동으로 표현했다. 이영길 교수님과 정성환 교수님의 자녀 동효의 플루트 연주도 정말 은혜로웠다. 눈이 많이 와서 콘도에 손님이 거의 없다 보니 찬송소리가 커서 바깥까지 들리는 것을 걱정하지 않아도 되었다. 무엇보다도 가장 은혜로운 시간은 간증 시간이었다. 동성식 교수님께서 예수를 믿게 된 이야기, 차용준 교수님의 사모님이 예수 안에서 암과 싸워 이긴 이야기, 장애인 태준이를 키우면서 우리 가정에 주셨던 은혜의 이야기 등이 이어지면서 밤이 깊어 가는 줄도 몰랐다. 마지막으로는 서로 기도제목을 나누고 기도를 하고 나니 1시가 거의 다 되었다. 다음날 아침예배를 드리고 눈밭에서 사진을 찍고 행사를 끝마쳤다.

날씨 때문에 취소될 뻔했던 캠프 행사가 오히려 눈 때문에 더 은혜로워졌다. 돌이켜 보면 모든 것을 합력하여 선을 이루시는 하나님의 섭리였다. 우리 주님께 감사와 찬양을 드린다.

2003년, 10주년 성지순례

이강주 (건축학과 교수, 7,10대 총무)

일정

일자	국가	일정
1.30	한국	인천출발, 모스크바 경유
1.31	이집트	카이로-피라미드 / 스핑크스 / 예수피난교회 / 모세기념회당 / 이집트고대박물관
2.1		룩소르-주일예배(인도: 노명현 교수, 기도: 동성식 교수) / 왕들의 계곡 / 합셉수트장제전 / 멤논의 거상 / 카르나크 신전 / 룩소르 신전 / 나일강 돛단배
2.2		홍해 / 마라(모세의 우물) / 파라오의 온천 / 르비딤 골짜기 / 시내산
2.3	이집트 이스라엘	시내산 일출 / 정상에서 산상기념예배 / 성캐더린 수도원/ 이집트 타바를 통해 이스라엘 입국 / 사해남단 아라드 도착
2.4	이스라엘	아라바 계곡 / 네게브 사막 / 소돔 / 마사다 / 엔게디 골짜기 / 쿰란 / 사해 / 요단강 경유 티베리아스 / 가버나움(베드로 집터) / 베드로수위권교회 / 팔복교회(산상수훈) / 오병이어기적교회(타브가) / 갈릴리 호수 선상예배
2.5		가나마을 혼인잔치교회 / 나사렛(예수탄생예언교회, 요셉기념교회) / 므깃도(아마겟돈) / 갈멜산(엘리야기념교회) / 가이사랴 / 욥바(시몬의집) / 예루살렘 입성
2.6		에인카렘(세례요한교회, 마리아기념교회) / 야드바쉠(육백만학살추모관) / 시온산(마가다락방, 다윗무덤) / 광야(성조지수도원, 베두인마을) / 통곡의 벽
2.7	이스라엘 터키	감람산(광야조망, 예수님승천교회, 주기도문교회, 예수님눈물교회, 겟세마네동산 및 기념교회) / 기드론 골짜기(스데반순교기념교회) / 안나기념교회, 베다스다 연못 / 비아 돌로로사 / 성묘교회 / 텔아비브 벤구리온 공항 출발/이스탄불 아타투르크 케말파샤 공항 도착

2.8	터키	이즈밀-에페소 교회 / 원형극장 / 도서관(두란노) 주일예배(사회: 이광민 교수, 기도: 동성식 교수)
2.9		갑바도기아-데린구유 / 우치사르 / 괴레메 동굴 카이세리 공항 → 이스탄불
2.10		보스포러스 해협 / 지하물 저장소 / 하기야 소피아 이스탄불 출발, 모스크바 경유
2.11	한국	인천도착, 감사기도 후 해산

동행자(17명)

권성하 교수와 딸, 조카 2명	노명현 교수 부부
동성식 교수 부부	이강주 교수와 아들
이광민 교수 부부	정성환 교수
정원지 교수 부부	주정연 교수 부인과 딸

이집트

● 예수님피난교회는 헤롯왕의 칼을 피해 예수님의 가족이 이집트로 피난 와서 머무르던 곳을 기념하여 세운 교회이다. 헤롯왕이 죽어 다시 이스라엘로 돌아가기까지 예수님의 가족은 그가 보낸 자객들을 피해 이집트 전역을 돌아다니셨다고 한다. 이 교회는 그 기간 중 가장 오래(약 6개월) 머무르셨던 곳에 세워졌다. 예수님 가족의 거

예수님피난교회

주 터가 교회 지하에 보존되어 있는데 요셉과 마리아가 숨죽이며 살았을 토굴과 같은 곳이다. 세상의 기준에서 예수님께서는 한 번도 편안하

게 사신 적이 없음을 새삼 깨닫는다.

• 우리는 호텔 내 한 객실로 모두 모인다. 준비찬송과 신앙고백, 동성식 교수님의 기도와 노명현 교수님의 말씀선포, 찬송, 주기도문의 순서로 주일예배를 드린다. 머나먼 이집트의 작은 호텔방에서 주일예배를 드리다니, 참 감격스럽고 감사한 일이다.

호텔방에서 주일예배를 드림

• 해지는 나일 강에 한 폭의 그림같이 돛단배가 둥실 떴다. 누구랄 것도 없이 찬송이 절로 흘러나왔다. 순간, 이광민 교수님의 멋진 독창이 이어졌다. 이집트의 나일 강 위로 찬양의 목소리와 감사의 박수소리가 울려 퍼졌다. 할렐루야!

• 그 무리에 끼여 기다리고 있으니 조금 있다가 여기저기서 탄성이 흘러나온다. 일출이 시작된 것이다. 시내산 전체를 물들이는 아침 햇

살은 가히 감격스러운 광경을 만들고 있다. 기도하기 좋은 곳에 무릎을 꿇고 간절하게 기도를 한다. 얼굴에 환하게 다가오는 햇빛과 함께 하나님의 음성이 들린다. "내가 너를 사랑하노라." "감사합니다, 주여." 나는 감격과 감사한 마음으로 기도를 마친다.

시내산 일출

이스라엘

• "내 양을 먹이라, 내 양을 치라"고 말씀하셨던 베드로수위권교회를 찾아간다. 베드로수위권교회는 갈릴리 호수에 바로 면해 있다. 교회 안으로 들어가니 "Mensa Cristi(예수님의 식탁)"라는 팻말이 붙어 있는 커다란 바위가 중심부를 차지하고 있다. 이 바위는 부활하신 예수님께서 희망을 잃고 죄책감에 사로잡혀 있는 제자들과 식사를 하시면서 그들의 죄책감을 다 씻어 주시고 새로운 사명으로 소망을 주셨던 뜻 깊은 곳이다.

베드로수위권교회에 있는
예수님의 식탁 바위

● 배를 타고 갈릴리 호수로 나간다. 선상예배를 준비했는데 마침 오늘이 수요일 저녁이다. 노명현 교수님의 사회로 준비찬양을 하는데 예람(이강주 교수의 아들)이가 388장을 하잔다. 예람이가 좋아하는 "마귀들과 싸울지라"이다. 나도 포함하여 기특한 웃음들이 나오는 가운데 나와 예람이는 힘차게 부른다. 이어서 묵도, 찬송, 정성환 교수님의 기도, 노명현 교수님의 말씀선포, 찬송의 순서로 선상예배를 드린다. 예배를 마치고 찬양의 시간이 이어진다. 최영혜 권사님(노명현 교수님의 부인)의 찬양에 이어 이광민 교수님의 "내일 일은 난 몰라요~"에 이르러서는 우리 모두가 큰 소리로 함께 부른다.

갈릴리 호수 선상 예배

• 버스 안 부흥회는 돌아가면서 모두 다할 때까지 계속되는데 터키에 가서야 끝이 난다. 은혜 없음을 전제로 시작하여 우리 모두를 은혜와 웃음의 도가니로 몰아넣으신 이광민 교수님, 대한민국 모범남자에서 우리 주님의 신실한 자녀로 거듭나신 노명현 교수님, 신앙에 대한 새로운 결단을 담대하게 하신 권성하 교수님, 모진 고난과 시련을 뚫고 또렷하게 주님 앞에 서신 동성식 교수님, 보이지 않지만 영원하신 하나님의 실재에 대한 확신을 말씀하신 정성환 교수님, 치환, 프리퀀시 등 수학용어를 사용하시며 공돌이답게(?) 시원하면서도 진지하게 말씀하신 정원지 교수님 등 정말 은혜가 충만하고 하나님 역사의 다양성을 새삼 확인한 소중한 시간이었다. 출애굽할 때 히브리 민족을 밤에는 불기둥으로 낮에는 구름기둥으로 인도하셨던 하나님께서 이번에는 배달민족을 버스 밖에서는 성지로, 버스 안에서는 간증과 찬양으로 품어 주시니, 마음 깊은 곳으로부터 감사가 울려 퍼진다. 임마누엘! 할렐루야!

예수님께서 피땀 흘리며 기도하셨던 바위

● 오후에는 유대광야로 나간다. 광야는 예나 지금이나 변함없이 그
곳에 있다. 그러기에 광야는 신앙 선조들의 삶과 하나님의 구속사에
서 늘 자리하여 왔다. 아브라함과 이삭과 야곱의 삶이 그랬고, 출애굽
이 그랬으며, 가나안 정벌이 그랬고, 예수님의 시험도 광야에서 일어났
다. 그래서 혹자는 광야 없는 우리 인생은 보잘 것이 없다고 얘기한다.
인기척 없는 적막한 광야는 대지의 형상을 있는 그대로 드러낸다. 누가
세워 놓았는지 그곳에 십자가가 있다. 광야에 십자가라…. 하늘에 비친
십자가가 무척 아름답게 보인다.

광야의 십자가

• 이제 비아 돌로로사를 향해 간다. Via Dolorosa, '슬픔의 길'은 예수님께서 십자가를 지시고 사랑의 완성을 위해 가신 길이다. '슬픔의 길'에는 14개의 처소를 만들어 예수님께서 가셨던 그 길을 기념하고 있다.

① 로마 총독의 관저에서 재판을 받으심 - 요한복음 18:28

② 머리에 가시관을 쓰시고 십자가를 지심 - 마가복음 15:15-17

③ 첫 번째 쓰러지심

④ 어머니를 만나심

⑤ 구레네 사람 시몬이 대신 십자가를 짐 - 마가복음 15:21

⑥ 베로니카가 예수님의 피와 땀을 닦아줌

⑦ 두 번째 쓰러지심

⑧ 예루살렘 여인들에게 말씀하심 - 누가복음 23:28-31

⑨ 세 번째 쓰러지심

예수님의 시체가 내려진 곳

⑩ 예수님의 옷을 벗김 - 마가복음 15:20

⑪ 십자가에 못 박히심 - 마가복음 15:25

⑫ 고통 가운데 십자가에 매달려 돌아가심 - 누가복음 23:46

⑬ 십자가에서 내리우셔 세마포에 싸이심 - 요한복음 19:38-40

⑭ 아리마데 요셉의 동굴 무덤에 장사되심 - 마태복음 27:59-60

터키

● 성경에는 에베소에 대해 다음과 같이 언급한다. 이 도시는 유대인
이 많고 회당이 있다(행 18:19, 19:17). 바울은 2차 전도여행에서 돌아오
는 길에 이곳에 들려 얼마 동안 전도하다가 브리스길라와 아굴라를 남
겨 두고 떠난다(행 18:21). 3차 전도여행 때에는 적어도 2년 3개월을 체
재하면서 열심히 전도한 결과 아시아에 살고 있던 자는 유대인도, 헬라
인도 다 주의 말씀을 듣는다(행 19:1-10). 이어 아데미 여신상을 만들어

팔던 은세공인 데메드리오의 소동이 일어나고, 바울은 에베소를 떠난다. 이 에베소 체류 중 골로새 지방에서 온 에바부라와 빌레몬이 회심한다. 3차 전도여행에서 돌아오는 도중 에베소에 들릴 수 없어 바울은 밀레도로 에베소 교회의 장로들을 불러 아주 특별한 작별인사를 한다(행 20:17-38). 후에 로마 옥중에서 그는 에베소 교회에 편지를 써서 두기고 편에 보낸다(엡 1:1, 6:21, 딤후 4:12). 한편, 에베소 교회는 계시록에 기록되어 있는 일곱 교회 중 하나이며(계 2:1-7), 사도 요한이 후년에 예수님의 어머니 마리아를 모시고 살았다는 전승이 있다.

두란노 서원 유적

● 히브리서에서 언급되고 있는 암혈과 토굴은 갑바도기아의 데린구유를 지칭하는 것이란다. '깊은 우물'이라는 뜻의 데린구유는 2만 명을 수용할 수 있는 지하 도시로 원래 히타이트 시대부터 소규모로 형성되어 오다가 기독교인이 박해를 피해 숨어들면서 지금의 크기로 발전되었다 한다.

데린구유 지하도시 교회터

　● 좁고 가파른 길과 계단을 오르내리며 몇 군데의 수도원을 들어가
본다. 작은 것은 한 사람이 겨우 운신할 수 있는 크기이다. 수도원 내부
에는 성화가 그려져 있다. 성화가 가득한 이 자그마한 공간에서 매우
절제되고 경건한 생활을 하며 하나님을 만나고자 했던 신앙 선배들의
진정함이 그대로 전해온다. 살아서는 물론 죽어서도 이곳을 떠나지 않
으려고 했던 각오가 수도원 바닥에 그대로 드러난다.

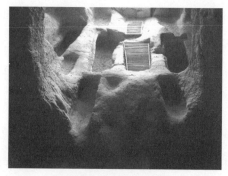

수도원 내부 바닥에 있는 묘지 유적

선교회 소식지

이종근 (컴퓨터공학과 교수, 7대 회장)

2004년인가? 내가 선교회 교수회장으로 얼떨결에 선출되었다. 아마도 정영애 교수님의 장난이 아니었나 생각이 든다. 나는 회장이 되려는 생각이 없었고, 그저 뚱하니 선교회에 밍기적거리면서 다녔던 것으로 기억이 나는데 아무튼 잘 모르겠으나 어찌 되었건 내가 회장이 되었다.

무엇을 해야 할까?

많은 생각을 한 듯싶다. 그러고는 내가 가장 잘하는 것을 하자라고 생각했다. 미친 척하고 학교 동아리에 가입하겠다고 신청서를 냈다. 결국 종교 동아리는 안 된다고 해서 등록을 못 하긴 했지만 시도는 해 보았다. 학교의 지원금이 사실 목적이기도 했다. 그리고 회비를 올렸다. 월 5,000원씩인 회비를 10,000원으로 했다. 자발적이라는 이름이었지만 강제적으로 걷다 보니 100퍼센트 걷히지 않았다. 지금도 이원화되고 있는 것은 아닌지…. 그리고 뉴스레터를 발간했다. 얼마나 했는지는 잘 기억이 나지 않지만 그 흔적은 다행스럽게 남아 있다. 2년 동안 열심히 소식지들을 전했다. 참으로 질기게 써 댔나 보다. 홈페이지를 보완해서 활동도 했다. 지금 생각하면 그때 좀 더 잘할 걸 하는 생각이 든다. 자료도 준비하고 사진도 남겨서 우리 교수선교회의 활동들을 자료화했어야 했는데 그렇지 못함이 사뭇 아쉬워진다. 그리고 보니 사진이 한 장도 없다.

謹賀新年　그루터기

발행: 이충근 / 편집: 이충근 / 발행일: 2005년 1월 4일 / 제2권 1 호 통권 11 호
경남 창원시 사림동 9 창원대학교 교수선교회 (메일:jklee@sarim.changwon.ac.kr)
http://www.changwon.ac.kr/~mission/

새 아침입니다. 새로워진다는 단어란 이토록 마음을 정결케 할 줄은 미처 몰랐습니다. 편안한 마음으로 그리고, 자신감으로 한 해를 시작하였으면 합니다. 옛 것은 지나가고 새것이 되었도다 라는 의미를 새기면서 올 한해 할렐루야를 외치면서 힘차게 출발하였으면 합니다.
<편집인>

새 날입니다

12월31일 제야의 종소리를 통하여 우리는 한 새가 지나가고 새로운 한 해가 시작됨을 느끼게 됩니다. 은은히 퍼져가는 보신각의 종소리는 아름답지는 않다고 하더라도, 마감과 시작을 알리는 의미 있는 시그날이 되었기에, 수 많은 시민들이 보신각 앞에 모여서 타종의 순간들을 즐기면서 새로워지고자 하는 것이라고 믿습니다. 예전에 우리 교회에서도 송구연신 예배를 베다니 광장에서 드릴 때에 손에 파란 전등을 하나씩 주어서 새해를 맞이하여 환상적인 이벤트를 벌인 적이 있었습니다. 교인들의 손을 통하여 하늘로 퍼져가는 파란 빛은 새해를 맞이하며 새로운 각오를 여는데 부족함이 없었던 것으로 기억됩니다.

이렇듯 지나감과 다가옴에 대한 희망으로 우리들은 즐겁게 새해를 맞이하며 새로운 각오와 결심을 통하여 새로운 장을 열기를 희망합니다. 나이를 한 살 더 먹었다는 의미를 통하여 더욱 어른스러워졌다는 뜻도 있겠지만, 점차로 한 인간으로써 자신의 길을 개척하여 나가는 능력이 조금씩 증가하고 있다는 이야기도 될 것입니다.

과거에서 벗어난다는 그 사실이 우리들을 들뜨게하는 가 봅니다. 비록 일 년 365일이라는 하나의 테두리 안에서 우리들의 삶에는 많은 변화가 있습니다. 삶과 죽음이 있을 수 있고, 슬픔과 기쁨과 애통함이 있을 수가 있으며, 좌절과 승리함과 환희의 순간도 있을 수가 있습니다. 이러한 모든 것들이 자신을 통하여, 또는 이웃을 통하여 그리고 먼 이 국민들을 통하여서도 우리들은 느끼며 체험 할 수가 있습니다. 그러함에 한 해를 통한 생애를 돌아보게 되는 것입니다. 또한 한 해를 시작함과 마감함에 있어서 우리들은 지난 한 해를 무사히 그리고 아름답게 마감 할 수 있도록 은혜 주시고 인도하여 주신 주님의 크신 은총에 감사를 드리게 되는 것입니다. 따라서, 우리들에게 새 해의 시작함은 무척이나 중요한 시발점입니다. 새로운 인생을 그리고 새로운 삶을 시작하는 첫 걸음이기 때문입니다. 지나간 과거에서 우리들은 내일의 희망을 찾을 줄 아는 슬기를 가져야 할 것입니다. 지나간 과거에서 내일을 위한 지혜와 총명 그리고 믿음의 확신을 가져야 할 것입니다. 지난 과거를 통하여 새로운

교수선교회지, 제2권 1호, 2005년 1월 4일 발행

학군단 2층의 강의실을 빌려서 예배를 드리고는 아쉬워서 빠져나오는 모습들이 참으로 안타깝기도 했지만 그래도 주님께 드리는 예배만큼은 항상 최선을 다하는 모습이었기에 아름다웠다.

지금은 무척이나 힘이 든다. 머릿속에 온통 학교 일뿐이다. 회의가 계속되고 국책사업에 대해 총장은 자꾸만 바란다. 특성화를 위해 무엇인가를 하라고 한다. 아침 8시에 출근하지만 저녁 늦게까지 내 할 일이 참으로 없다. 그저 아침 큐티가 오직 하나님을 만나는 작은 시간이다. 저녁에 잠자리에 들기 전에 약 150명 정도의 지인들에게 성경을 보내는 작업이 유일한 낙이기도 하다. 매일 아침 일찍 '딩동' 하면서 날아오는 오늘의 말씀이 나에게 생명의 말씀으로 다가온다. 혹시나 이번 회장단에서 그런 사역을 하면 어떨까 생각해 본다.

이번에 간증집 발간은 참으로 갸륵한 생각이라고 느껴 본다. 서로의 믿음들을 들여다보면서 나의 믿음을 바라볼 수 있는 시간이 될 것이기 때문이다.

먼 훗날, 간증집을 펼쳐 보면서 오늘의 교수선교회를 들여다보는 것은 어떨지 기대해 본다.

'음악이 있는 송년의 밤'을 기억하며

신동수 (화학과 교수, 10대 회장)

2008년과 2009년 성탄절이 있는 12월에, 창원대학교 교수선교회(회장: 신동수 교수, 부회장: 이광휘 교수, 박혜원 교수, 총무: 이강주 교수, 회계: 박진아 교수)는 2년에 걸쳐서, "음악이 있는 송년의 밤"을 기획하여, 창원대학교 교수선교회 회원들과 가족을 비롯한, 비회원이신 창원대학교 교수님들을 초청하여, 그리스도의 사랑 안에서 음악이 있는 송년회의 복된 시간을 보냈다.

2008-09년 2학기 12월, 음악이 있는 송년의 밤 행사 직전에는 창원대학교 교수선교회 회원들의 기도 후원으로 교수선교회, 직원신우회, 기독학생선교단체가 연합하여 2학기 종강예배를 드렸다. 또한 여러 교수님들의 선교 회비를 모아서 각 단대에서 추천한 6명의 학생들에게 장학금을 전달함으로써 은혜를 허락하신 주님께 감사를 올려드렸다.

종강예배를 마치고, 교정에 낙엽이 수북한 가을에서 겨울로 넘어가는 시점에 창원대학교 모든 교수님께 초청장을 보내어 "음악이 있는 송년의 밤"에 참석하도록 초청했다.

2008년 12월 9일 18시 국제교류센터 제1세미나실에서 개최되었던 "음악이 있는 송년의 밤" 행사 제1부 순서로는 인사 및 식사(뷔페식 저녁 식사), 제2부 순서로는 현악 3중주(음악과 김한기 교수 외), 소프라노 독창(음악과 김유섬 교수), 트럼펫 연주(박보영 집사, 창원남산교회)로 구성된 음악회, 제3부 순서로는 염재상 교수(불문학과)와 김봉수 교수(물리학과)의 중창과 CCM 송 등으로 함께하는 한 마당이 이어졌다.

또한 2009년 12월 8일 18시 30분 국제교류센터 제1세미나실에서 개최되었던 "음악이 있는 송년의 밤" 제1부 순서로는 인사 및 식사(뷔페식 저녁 식사), 제2부 순서로는 음악회로, 바이올린 4중주(음악과 김한기 교수 외), 성악 소프라노 독창(신동숙), 바리톤(오장한), 색소폰과 기타 연주(통계학과 박희창 교수, 국제관계학과 하상식 교수), CCM artist(김정훈 교수) 순서로 진행되었으며, 제3부 순서로는 참석해 주신 모든 분과 함께 CCM 송과 촛불기도로 마음을 모아 한해를 마무리하는 순서를 가졌다.

　"음악이 있는 송년의 밤"은 한 해 동안 교수선교회를 위해 기도하며 후원해 주신 모든 교수님을 모시고 식사와 음악으로 함께하는 시간을 보내고자 준비한 연말행사였으며, 교수선교회의 모든 교수님과 함께 인도해 주시는 하나님으로 인해 은혜가 풍성한 시간을 누릴 수 있었다. 바쁜 일상 중에서도 교수선교회를 통해 서로 만나게 해 주시고 주님을 찬양하게 해 주셨던 그 하나님의 은혜에 온 마음으로 감사를 드린다!

2010년-2012년까지의 행사

정영애 (유아교육학과 교수, 11대 회장)

1. 2010년 2학기 화요 모임에서 성서유니온의 〈매일성경〉으로 큐티 나눔.

2. 개강기도회와 개강예배 : 8월 말에 개강을 위한 기도회를 개최하고 9월 9일 임찬규 목사(창원 영광교회) 설교로 개강예배.

3. 종강예배.

4. 2010년 12월 4일 '송구영신모임' 개최 : 찬양과 기도 및 촛불의식, 타임캡슐 만들기 등을 통해 한 해를 감사로 마무리하고 새해를 기도로 준비함.

5. 2011년 개강기도회와 개강예배 : 2월 말에 개강을 위한 기도회를 하고, 2011년 3월 10일에 김영구 목사(목회자성경연구학교장) 설교로 개강예배를 드림.

6. 2011년 1학기 화요모임에서 헨리 나우웬의 『영성의 길』을 읽고 토론.

7. 특별강좌로 부산진교회 이종윤 목사님의 "21세기 생명의 위기와 교회의 위기"에 관한 말씀을 듣고 토론.

8. 2011년 봄 캠퍼스 선교에 대한 세미나 개최. 목사님께서 캠퍼스 선
   교의 패러다임의 변화와 선교비전을 향한 각 선교단체와 교수 및 직
   원의 협력이 요구되고 있음을 말씀하심.

9. 야외예배 : 찬양과 김민정 교수님(유아교육과)의 간증, 그리고 기도.

10. 2011년 1학기 종강예배.

11. 2011년 2학기 개강기도회와 2학기 개강예배.

12. 2011년 2학기 화요모임에서 존 스토트 목사님의 『제자도』를 읽고
    토론.

13. 2011년 2학기 종강예배.

14. 2011년 12월 교수선교회 장학금을 5명에게 전달.

15. 2011년 12월 송년기도회를 개최하여 한 해를 잘 마무리하게 하신 하나님께 감사하고 새해를 하나님 안에서 기도로 준비.

16. 2012년 1학기 개강 기도회와 개강예배.

17. 2012년 4월 교수선교회가 아이티 합창단을 초청하여 선교합창.

18. 2012년 1학기 화요모임 : 존 맥아더(2011)의 『순전함: 타협 없는 삶을 세워가기를』을 읽고 토론.

19. 2012년 1학기 종강예배 : 2012년 6월 14일 김명식 목사(서머나 교회 청년2부) 설교로 종강예배.

2013 창원 HGE 대회

정성환 (컴퓨터공학과 교수, 12대 회장)

유유히 흐르는 강물의 근원은 바로 가까이에 있는 강에서부터가 아니라, 위로 거슬러 멀리 산 위의 작은 바위 아래 미미한 샘에서부터 그 흐름이 시작된다. '2013 창원 HGE(Holy Generation in Education) 대회'도 그러했다. 2013년 이른 봄인 2월 28일(목) 오후 34호관 4층 세미나실에서는 2013년 1학기 개강예배 준비를 위해 교수선교회 몇몇 교수님들과 창원대 선교단체 간사님들이 모임을 하고 있었다. 때마침 부산대 김재호 교수님과 해양대 정연철 교수님이 CTS 경남방송에 오셨다가 우리 대학을 방문하셨다. 그리고 거룩한 다음세대 캠퍼스 변혁운동에 관해 우리들과 이야기를 나누었다. 이것이 '2013 창원 HGE'의 작은 바위 아래 미미한 샘이었다.

우리는 그날 개강예배 준비를 위해 강사를 섭외하고 있던 중이었고, 김재호 교수님의 이야기를 같이 듣고 있었다. 간사님 중에 한 분이 김재호 교수님이 이번 개강예배에 강사로 오셔서 새로운 바람을 창원대 캠퍼스에 일으켜 주기를 요청했다. 개강예배를 위한 강사를 아직 정하지 못한 상태였기에 참석한 우리 모두는 김 교수님을 개강예배 강사로 초청하는 일에 찬성했다. 그렇게 하여, 2013년 3월 14일(목) 개강예배는 김재호 교수님을 강사로 특별하게 드려졌다.

그날 개강예배 후, 교수선교회 임원진과 교수님들 몇 분이 인문대 학장인 동성식 교수님의 안내로 교수 휴게실로 자리를 옮겨 부산에서 오신 교수님들과 담소를 나누었다. 결과부터 이야기하자면, 그날 저녁에 창원에서도 부산처럼 교육의 변혁을 위해, 교육에서 거룩한 다음세대를 위한 기도운동인 '2013 창원 HGE 대회'를 개최하기로 결정했다. 그러나 본인의 개인적인 실상을 말하자면, 이 행사를 개최하는 것은 자신에게는 무리였다. 왜냐하면 행사 바로 그 전날은 본인의 3년간의 수고를 서울에서 결실하는 고시가 있었기 때문이다. 또한 2013년 1학기 교수선교회 모임이 목숨만 겨우 붙어 있는 식물처럼, 소수의 교수님들만이 화요정기모임에 참석하는 어려운 형편이었다. 따라서 이 시기에 이러한 대외 행사를 하는 것 자체가 무리였다.

그러나 일은 이미 결정되었다. 처음 시작은 막막했다. 어디서부터 시작해야 할지 몰랐다. 아내와 상의하면서 기도로 하나님의 인도를 구했다. 준비를 위한 첫 모임의 장소는 기숙사 커피숍이었다. 그러나 장소가 좁아서 가까이 있는 사림교회로 이동하여 모이게 되었다. 우리의 시작은 극히 미미했다. 하나님은 이 대회를 위해 필요한 사람들을 보내 주셨다고 생각한다. 하나님의 은혜로 교수선교회 임원진과 몇 분의 교수님의 적극적인 참여로 준비모임은 시작되었다. 특히 노명현 교수님과 김도기 교수님을 비롯한 몇몇 교수님들의 적극

적 협력이 큰 격려와 힘이 되었다. 김도기 교수님의 소개로 경남기독
문화원 이상칠 원장님의 경남지역 기독언론사 인터뷰가 창원대교수
선교회와 '2013 창원 HGE 대회'를 외부에 알리는 데 큰 도움이 되었
다. 물론 HGE 대회 당일 날, 실제적 참여는 대부분 우리 준비모임에
참여하신 교수님들의 교회에서 오신 분들이다. HGE 운동은 부산에
서 2012년에 시작하여, 결과적으로 2013년에는 전국 5개 도시인 서
울, 대구, 전주, 부산, 창원에서 동시에 열리는 전국적 대회로 확대되
었다.

'2013 창원 HGE 대회'를 위해 매주 금요일 오후 3시 준비모임을 창원극동방송과 사림교회에서 몇 차례 가졌다. 총무이신 문혜경 교수님은 매일 오후 3시에 3분 기도를 위해 기도

제목을 준비모임에 참여한 모든 분에게 문자로 보내면서 부지런히 섬
겨 주셨다. 그 수고와 열정에 감사드린다. 최종 개최 장소는 사림교회
로 결정됐다. 상남교회, 명곡교회, 세광교회, 서머나 교회 등 여러 교회
와 10대 YFC 선교회, 예수전도단, 경남교육자선교회, 창신대학교수선
교회, 극동방송수요어머니기도회 등을 포함하여 15개 단체가 참가하게
됐다. 대략 2시간씩 나누어 찬양과 각 단체나 교회의 청소년, 청년 대

학생들에 대한 기도의 내용들을 주제로 중보기도를 하는 형태로 진행됐다.

2013년은 창원대학교 교수선교회가 출범한 지 20년이 되는 해이다. '2013 창원 HGE 대회'를 통해 새로운 일을 시작하는 것과 여러 교회와 선교단체가 협력한다는 것 자체가 얼마나 어려운 것인지를 배웠다. 서로의 다름을 인정하면서 연합하는 일이야말로 성숙한 존재가 되어 가는 과정에서 꼭 필요한 과정이라 생각했다. 성숙하면 할수록 양보하고 타인의 입장을 수용하므로 연합이 이루어진다고 생각한다.

창원에서 거룩한 다음세대를 일으키는 중보기도 대회를 처음 시작했다는 것에 의미를 두고 싶다. 그리고 적은 성도의 수로 침체되었던 사림교회에서 이 행사를 통해 교회의  청년들과 교인들이 힘을 얻었다는 소식에 작은 기쁨과 보람을 느낀다. 특히 사림교회의 협력목사이신 김대훈 목사님 부부의 행사를 위한 열정과 헌신에 감사를 전하고 싶다. 그리고 휴일임에도 참여해 주신 우리 교수님들께도 감사를 드린다. 하나님께서 우리의 작은 헌신을 기쁘게 받으셨다고 믿는다. 무엇보다 우리의 작은 헌신을 통해 창원 땅에 거룩한 다음세대가 세워지는 시작점이 될 수 있다면, 참여한 약 300명의 기도가 헛되지 않을 것이다.

　2013년 5월 24일 금요일 오후 3시에 사림교회에서 '2013 창원 HGE 대회' 자체평가회의를 가졌다. 결론은 처음하는 창원 HGE 대회였지만 그 나름대로 의미가 있었고 내년에도 가능하다면 대회를 하자는 것이었다. 또한 7월 8일 월요일 함양에서 전국 5개 도시 HGE 대회 대표들이 모여 전체평가회를 하는 자리가 있었다. 학생들의 현장실습 방문과 겹쳤지만, 관련 회사를 아침 일찍 방문하고 함양까지 차를 몰고 가서 전국 HGE 평가회의에 참석했다. 그 자리는 각 도시의 HGE 대회를 보고하고 돌아보는 자리였다. 전체적인 결론은 내년에도 이 대회를 전국적으로 하자는 것이었다. 그리고 전국학원복음화협의회와 전국교수선교회가 미리 이 대회를 조율하여 전국적으로 HGE 운동을 확산해 보자는 내용이었다. 이 모든 영광을 하나님께 돌리기를 원한다.

후기

편집위원 J.S.H.

이제 짐을 싸서 오솔길을 따라 길 떠나려는 순례자의 마음이 내게 찾아든다. 이전에도 회원들의 믿음의 글 발간에 대한 이야기는 있었다. 하지만 실제 공식화되어 실행한 것은 2013년 7월 초였다. 처음 계획은 무더웠던 여름방학 동안에 원고 모집을 끝내고, 가을 종강예배 때에 교수님들 손에 작은 기념 책자를 전해 주고 싶었다. 그러나 일은 생각보다 싶지 않았다. 20주년 기념으로 이 책자를 발간하는 의미에서 20명의 교수들의 글을 모으려는 내 자신의 목표가 걸림돌이 되었다. 일은 생각보다 시간이 많이 걸렸다. 그러나 다행히 2014년 연초에 드디어, 길 떠나려는 순례자가 마음의 짐을 꾸릴 수 있게 되었다. 할렐루야!

흔쾌히 먼저 글을 보내 주신 교수님들에 대한 고마움, 글을 받으려고 설득 아닌 설득을 한 기억, 그리고 빚쟁이처럼 몇 분의 교수님들께 만날 때마다 글을 달라고 귀찮게 졸랐던 기억도 이제 아름다운 추억으로 남게 되었다. 무엇보다도 지쳐 가는 순례자에게 나타난 협력자의 손길로 이 책자의 결실을 견고히 할 수 있었다. 기고해 주신 교수님들께 감사의 인사를 드리고 싶다. 무엇보다 잊혀졌던 20년의 창원대학교 교수 선교회 역사와 교수님들의 삶의 흔적들을 이 책에 일부 담을 수 있어 보람을 느낀다.

교정·편집 S.J.S.

교정을 한다는 이유로 교수님들의 간증문을 먼저 읽어 보는 영광의 시간을 가졌다. 하나님을 인정하고, 하나님이 우리 삶에 역사하실 때 우리의 삶이 얼마나 빛날 수 있고 아름다워질 수 있는지를 교수님들의 간증문을 통해 보았다. 그냥 돌덩이에 불과한 다이아몬드 원석을 아름답게 세공하셔서 그 다이아몬드만이 낼 수 있는 기이한 빛을 발하게 하신 하나님을 만났다. 교수님들이 만난 아름다운 예수님을 소개받고, 함께 교제할 수 있었던 시간을 귀히 간직하며, 인생에 가장 귀한 예수님을 감사함으로 찬양한다.

역대 섬김이와 회원

창원대학교 교수선교회 역대 섬김이

대	연도	회장/총무	대	연도	회장/총무
1	1993-1994년	이영길/동성식	7	2003.9-2005.8	이종근/이강주
2	1995-1995년	이경희/염재상	8	2005.9-2006.8	이지훈/안철진
3	1996-1997년	현영하/정성환	9	2006.9-2008.8	동성식/안철진
4	1998-1999년	노명현/김수태	10	2008.9-2010.8	신동수/이강주
5	1999.9-2001.8	염재상/권민균	11	2010.9-2012.8	정영애/박혜원
6	2001.9-2003.8	이광민/정영애	12	2012.8-2014.8	정성환/문혜경

창원대학교 교수선교회 역대 회원명단(가나다순)

명예교수(5명)

공신영(국제무역), 이광민(음악), 이경희(경영), 이영길(영문), 현영하(회계)

현직교수(67명)

공덕암(금융보험), 권성하(제어계측), 권요한(특수교육), 김규탁(전기),

김도기(음악), 김동순(음악), 김민정(유아교육), 김병관(화공),

김봉수(물리), 김상부(산업), 김선희(일문), 김수태(기계),

김신미(간호), 김유섭(음악), 김인철(음악), 김정기(행정),

김지화(사회), 김진욱(산업), 김한경(컴퓨터), 김한기(음악),

노명현(영문), 동성식(불문), 류경희(가족복지), 류은정(의류),

문혜경(식품영양), 박승규(전기), 박영근(경영), 박종규(기계),

박주홍(생물), 박진아(의류), 박춘식(토목), 박혜원(의류),

박희창(통계), 배동식(신소재), 백자욱(금융보험), 서유석(건축),

신동수(화학), 심상완(사회), 안철진(화학), 염재상(불문),

유영성(음악), 유인근(전기), 윤익영(미술), 윤태호(건축공),

이강주(건축), 이광휘(컴퓨터), 이민기(제어계측), 이성용(산업),

이수(화공), 이용일(화학), 이종근(컴퓨터), 이지훈(영문),

이찬규(금속), 이창순(화학), 이창우(기계설계), 임형태(신소재),

장기완(물리), 정성환(컴퓨터), 정승화(독문), 정영애(유아교육),

정원지(기계설계), 정종윤(산업), 차병철(경영), 차용준(식품영양),

하상식(국제관계), 한창준(산업디자인), 허순영(통계)